JUAN IGNACIO TORO ESCUDERO

RAMOS & RAMOS, O THE RAMOS BROS.

LOS REYES DEL CINE Y EL VODEVIL EN HONG KONG Y MACAO

●

PUNTOS DE FUGA

UNIVERSIDAD DE MÁLAGA
2025

© Juan Ignacio Toro Escudero

© UMA Editorial. Universidad de Málaga
   Bulevar Louis Pasteur, 30 (Campus de Teatinos)
   29071 Málaga
   www.umaeditorial.uma.es

DISEÑO DE COLECCIÓN
Antonio Herráiz PD

MAQUETACIÓN
Aurora Álvarez Narváez. UMA Editorial

ISBN: 978-84-1335-349-4
Depósito Legal: MA 44-2025

IMPRESIÓN: Podiprint
Impreso en España - Printed in Spain

Esta obra también está disponible en formato electrónico.

 Esta editorial es miembro de la UNE, lo que garantiza
la difusión y comercialización de sus publicaciones a
nivel nacional.

A N. Juniora y N. Junioro

ÍNDICE

1. *EXORDIUM*

Es conocida en el muy reducido círculo de los sinólogos hispanos la importancia capital del granadino Antonio Ramos Espejo (1878-1944) en el nacimiento del cine chino en el gran puerto de Shanghái. También, con la publicación de *El caso Goldenberg* (Toro Escudero: 2019), el interesado ha podido saber de uno de los principales baluartes de estas empresas en Shanghái, la cuna del cine chino, Bernardo Goldenberg, de novelesca existencia.

Sin embargo, apenas habrá quien haya oído hablar de Ramón Ramos, de los Ramos Brothers o de Ramos & Ramos, empresas previas a la shanghainita Ramos Amusement Company que dominara el cine en China durante casi una década, con las que Antonio y Ramón, los Ramos, controlaran también el sur del país y se erigieran en los reyes del vodevil en el Extremo Oriente durante la década previa a la Primera Guerra Mundial.

En estas páginas trataremos de traer a la luz estas empresas en un apasionante viaje a un pasado nada remoto, fascinante, pero completamente anegado en la ciénaga del olvido. La leyenda de Ramos no se circunscribió al cine, como pionero y primer realizador en las Islas Filipinas y como propietario del primero y de los principales teatros cinematográficos en Shanghái, sino que se labró en el teatro de variedades, en el vodevil y en primitivas exhibiciones del *cinema* de los primeros años en Shanghái, pero así mismo en Hong Kong y en Macao, territorios en los que los Ramos se erigieron como dominadores absolutos hasta que la Gran Guerra hizo variar muchos rumbos.

En este transitar por cinematógrafos, galpones y palacios del entretenimiento, del *cinema*, de la ópera y de las variedades, por pistas de hielo adyacentes, por la distribución, la exhibición y la producción de películas, por las primeras cintas españolas en China, sentaremos las bases del estudio del que seguramente es el agente español de influencia cultural más importante del siglo XX en China y todo el Oriente.

2. LOS RAMOS

Como comenta Bickers (2011:58), aunque en Shanghái existía una cultura del entretenimiento urbano que incluía burdeles y casas de té, no hubo ningún teatro antes de 1842. Sí llegaban compañías teatrales itinerantes que representaban en casas privadas, en el ayuntamiento o en algún templo o en escenarios temporales. En otras ciudades más ricas en aquel momento había mecenas que patrocinaban a los grupos teatrales. En 1832 hacía ya tiempo que Yangzhou, Suzhou o Pekín contaban con teatros permanentes. Incluso décadas después del crecimiento del teatro en Shanghái, éste se siguió representando fuera de estos recintos, en locales del Gobierno municipal o templos.

En su *Breve Historia de Shanghái* Hawks Pott (1928:85) sitúa las primeras obras de aficionados en la ciudad en 1850, en un almacén rehabilitado como teatro, y la conformación del Amateur Dramatic Club, y la consiguiente recaudación de fondos para erigir un teatro permanente —al coste de 6000 taels— en 1866. El primer edificio del Teatro Lyceum era de madera y fue devorado por el fuego en marzo de 1871. Fue reconstruido en 1874, esta vez lo suficientemente robusto como para permanecer abierto durante más de medio siglo. En 1924 Gow (pág. 28) afirmaba que el Lyceum era un ente público administrado por el Amateur Dramatic Club, «del que Shanghái dependió en exclusiva en materia de arte dramático durante muchos años», extremo confirmado y exacerbado por Darwent (1904: 153), al tiempo que descubriría el significado de «Shanghái» para estos autores, esto es, la colonia de extranjeros, cuando escribía que «el Lyceum es el único edificio de Shanghái realmente dedicado al entretenimiento de extranjeros».

En este marco, una ciudad que ya era la capital económica del Imperio, dominada principalmente por fuerzas extranjeras, ante todo británicas, con un claro afán de contemporaneidad y asimilación a las principales metrópolis del mundo que la convertiría en uno de los centros de la modernidad por el cual no tardaba en adoptar los nuevos símbolos que definían lo moderno, iba retrasada en la introducción de la gran impronta cultural del siglo XX: el cine y sus derivados. El cinematógrafo habría de dar en ella si no sus primeros, sus segundos pasos de la mano de Antonio Ramos Espejo, probablemente en 1903.[1]

· · · · · · · · · · · · · ·

[1] Para una discusión y descripción detallada de los primeros pasos de Ramos en Shanghái, véase el apartado dedicado a la exhibición cinematográfica en Shanghái en Toro Escudero (2016).

En todo caso, en el Libro de Registro de Nacionalidad Española del Consulado de España en Shanghái, conservado parcialmente en el Archivo General de la Administración en Alcalá de Henares, se incluye a «Don Antonio Ramos Espeijo» como registrado en 1906[2] con el número de registro de matrícula 427. Se trata de una copia hecha por D. Manuel Acal, entonces cónsul interinamente, en 1927 del libro de registro abierto el 1 de enero de 1901, con las correspondientes enmiendas de nombres conocidos que se sabían ausentes del país de manera definitiva, que incluye los registrados en todos los consulados menos el de Amoy. En el Archivo General de la Administración puede encontrarse también una carpeta[3] con certificados expedidos por el Consulado que ayuda a entender el significado de estos datos. El 22 de enero de 1907, con el número 3, esto es, el tercero expedido ese año, se consignó un certificado en Shanghái a «D. Antonio Ramos Espejo, Natural de Alama (sic.), Provincia de Granada, Profesión Comerciante, Inscrito en el Registro Matrícula con el Número 427» que incluía la siguiente anotación del cónsul: «3.ª clase».[4] Los certificados, en su mayoría perdidos, ascienden a 18 en 1907 hasta el 30 de enero y a 121 en 1906 (aunque el primero conservado aquí es el número 68, de 10 de marzo). A través de ellos aprendemos que el cónsul español, Rafael Seco y Fabres, recibió el certificado n.º 1 de 1907 y poseía el número de matrícula 430; y que se expidió a D. Francisco S. Aboitiz, de Sequeitio (Vizcaya), comerciante, el certificado n.º 4 ese mismo 22 de enero, y otro a su esposa, Justa Onanindía de Aboitiz, nacida en Legazpi, Filipinas. Francisco tenía el número de matrícula 302 y su mujer, el 303. Ambos carecen de fecha de registro. Aboitiz llevaba en Shanghái cuando menos desde 1903, cuando lo localizamos en un documento mercantil.[5] Lógicamente, la matriculación en el Consulado no tiene que corresponderse necesariamente con la llegada a Shanghái, pero sorprende el tiempo que habría tardado en registrarse Antonio Ramos si damos por válidas las fechas señaladas en la literatura tradicional

• • • • • • • • • • • • • •

2 A.G.A. 54/16960, Carpeta 29.

3 A.G.A. 54/17066.

4 Se trataría del tipo de registro. El cónsul Seco tiene anotado «2.ª clase», como Francisco Aboitiz, pero la mujer de este, «4.ª clase».

5 Y, desde 1904, en el directorio de la ciudad, *Hong List*, con la empresa Aboitiz & Co., de nombre chino «On-pao», sita en el 18K de Boone Road. Son agentes a comisión y vendedores en tienda de vinos, licores, cigarros y cigarrillos y «Productos Españoles».

para sus primeras exhibiciones cinematográficas en Shanghái y teniendo en cuenta el privilegio que suponía la nacionalidad española en aquel momento y circunstancia.

En cualquier caso, dado que el cónsul Seco ejerció su mandato desde 1907[6] y que se encontraba en Filipinas al menos hasta la primavera de 1905, donde ejercía como cónsul general interino[7], no pudo haberse matriculado en Shanghái antes de esta fecha, de modo que la datación del n.º 427 de Ramos Espejo en 1906 es coherente con su n.º 430. Vemos que entre la matrícula de los Aboitiz y la de Ramos sólo se inscribieron en el Consulado 123 españoles. Insistimos en estos detalles porque el número de matrícula parece ser el mejor modo de conocer aproximadamente la fecha de inscripción en el Consulado (que no de llegada a la ciudad, de nuevo) de cada individuo, aunque el propio Seco y Fabres aparece en el Libro de Registro Consular arriba mencionado como inscrito en 1909, pese a que su número de matrícula sea casi consecutivo al de Antonio Ramos y ejerciera de representante en el propio Consulado desde 1907. Doña Mozelle Solomon de Goldenberg (Levy), la esposa de Bernard Goldenberg, socio e íntimo de Antonio, quien adoptó el pasaporte español en 1915, está registrada, coherentemente, en 1915, con el número de matrícula 591; «Doña Rosa María Mazarofki y Forevich de Ramos Espejo», en 1918, fecha de su boda con Antonio Ramos, con el número 681; y Amaro López, representante de Ramos en el Pacífico, en 1916 y con el número 617, de nuevo cabalmente. Sin embargo, y de aquí todo este ejercicio de inferencias, «Don Ramos Ramos Ochoa» está inscrito en el libro en 1920 pero tiene el número de matrícula 433, casi inmediato al de Ramos Espejo.

Como es sabido, Antonio Ramos levantó un emporio cinematográfico en Shanghái con tentáculos en varios puntos de la China continental que fue a nacer en un humilde cuarto alquilado en una gran tetería de Shanghái. No es tan sabido, sin embargo, que simultáneamente controlaba los mercados de las colonias europeas de Hong Kong y Macao y era el principal promotor de vodevil de la región de Asia Pacífico; levantó este imperio de la mano de otro español, también apellidado

· · · · · · · · · · · · · · ·

6 Según la tabla de cónsules en García Ruiz-Castillo (2009: 235).

7 Vid. Archivo del M.A.E., carpeta H 1954 (Manila 1905-1909).

Ramos, de nombre Ramón. Ya en Toro Escudero (2012b: 99) escribíamos, en la nota n.º 155:

> Existe una fuente, que debiera ser fiable pero demuestra no serlo al adjudicar solamente tres teatros a Antonio Ramos en 1920, que atribuye a Ramos también participación en la erección de un teatro en Hong Kong en asociación con otro Ramos que habría conocido en el ejército. Se trata de Romero Salas (1921: 17), quien visitó Shanghái en 1920 y era amigo de varios de los españoles de allí que previamente habían pasado por Manila. Probablemente equivocó la historia de los dos Ramos con la del valenciano de la cervecería filipina.

El valenciano de la cervecería aparecía en Toro Escudero (2012: 10):

> En el barco, al ser uno de los pocos reclutas capaz de leer y escribir, trabajó escribiendo cartas para sus compañeros y conoció al que sería su primer socio en Manila, un valenciano[8] de igual apellido, Ramón Ramos, con el que abriría una cervecería tras dejar el ejército, en el que parece ser que nunca llegó a combatir. Al desposar el valenciano a una filipina, la sociedad se rompió y Antonio Ramos halló en el novedoso cinematógrafo la mejor manera de iniciar ese negocio que le diera la prosperidad perseguida.
>
> La información sobre el negocio con el valenciano provenía de una conversación con la sobrina nieta de Antonio, Doña Charo Mencarini, acaecida en 2010 en Madrid. Sin embargo, José María Romero Salas, periodista residente en Manila autor de España en China: (crónica de un viaje) (1921), que entablaría una estrecha relación con Antonio desde su paso por Shanghái, lógicamente sabía lo que se hablaba. Romero Salas (1921: 17) confirma el encuentro de los dos emprendedores a raíz de su reclutamiento militar: "Ramon y Antonio Ramos, no ligados por vínculo alguno de parentesco, sino por relaciones de compañerismo en el servicio militar y perfecta solidaridad de ideas, se asociaron para implantar el negocio en Hongkong y en Shanghai, y aun creo que en alguna otra importante población de China, arrostrando los indecibles obstáculos que todo negocio nuevo presenta con la fe inque-

• • • • • • • • • • • • • • •

8 Andrés Cárdenas lo hace, erróneamente, catalán en su artículo en el *Ideal* de Granada (1 de agosto de 2011) «El granadino que llevó el cine a China». Añade también que Antonio había estudiado magisterio y su madre era maestra y que por ello fue destinado a oficinas en Manila y no a combate.

brantable y ardiente de dos apóstoles. Pero no se crea que todo su cometido había de limitarse a un ensayo del espectáculo en su parte material, mecanica, por decirlo así, que, en caso desgraciado, hubiera limitado la pérdida, no; tenían que hacer más, tenían que hacerlo todo, desde el edificio hasta el público, desde el atractivo material capaz de despertar interés, hasta el temperamento del pueblo y el despertar de las costumbres que habían de hacer interesante el espectáculo. Dividiéronse el trabajo los dos socios. Ramón se puso al frente de la zona de Hongkong. Antonio de la de Shanghái, y uno y otro, como movidos de un resorte único, realizaron la obra portentosa actual que, solo viéndola, puede apreciarse".

A día de hoy, las referencias a Ramón Ramos son todavía más escasas que las halladas sobre la figura de los demás pioneros extranjeros del cine chino, de por sí mínimas. No conocemos más datos bibliográficos suyos que los que se circunscriben a su relación profesional con Antonio, y aun estos son pocos. No conocemos su fecha de nacimiento ni su segundo apellido. Por ello es muy tentador asimilarlo a este «Don Ramos Ramos Ochoa» encontrado en el Libro de Registro de Nacionalidad Española con una matrícula que indica una inscripción casi simultánea a la de Antonio que habría tenido lugar también en 1906 (o antes, por este mismo motivo, si podemos obviar el 1920 que acompaña a «Don Ramos», y más teniendo en cuenta que la inscripción de Antonio Ramos «Espeijo» no tiene marcada la ciudad de registro). Ciertamente, Ramón Ramos residió en Shanghái, donde le perderemos la pista, tras su paso por el sur de China, donde fundaría los primeros cines de Hong Kong y Macao, asunto del que nos ocuparemos con detalle en los siguientes apartados, de manera que ese «1920» con que aparecería registrado puede deberse a su reubicación en distintos distritos consulares que, no obstante, no le harían perder también su número de matrícula. Algo similar podría haber desplazado a Antonio a 1906 tras una estancia más o menos breve en algún otro puerto con consulado español, ayudando a Ramón a levantar su empresa. Vale la pena, pues, hacer constar con esta anotación la posibilidad de que Ramón Ramos fuera en verdad Ramos Ochoa.

Tampoco conocemos la fecha de llegada de Ramón Ramos a China. Al contrario que Antonio en Shanghái, no podemos estar seguros de que tuviera actividades empresariales en el sur antes de 1907, cuando sabemos de sus primeros cinematógrafos en las colonias europeas en China. No es problemática, pues, su identificación con el «D. Ramón

Ramos» que donaba 4 pesos y 30 céntimos en 1904 en Candón, Filipinas (en el noroeste de Luzón), para ayudar a sufragar los gastos que originaron los funerales y traslación de los restos de soldados españoles hallados en Cavite a bordo del crucero Reina Cristina, hundido en la guerra con Estados Unidos y ahora reflotado, e inhumados en Baler. Se trata de una suscripción voluntaria organizada para enterrar apropiadamente a estos caídos en la lucha, que serían antiguos compañeros suyos de armas, de manera que es perfectamente cabal tanto su aportación como la cantidad que dona, acorde a las de la mayoría de los listados y coherente con su supuesta condición social, no especialmente holgada en lo económico, que abandonaría al poco para buscar fortuna en China.[9]

· · · · · · · · · · · · · · ·

9 Véase la lista en Pellicena Camacho (1904: 93). Joaquin Pellicena Camacho era precisamente secretario de la Junta Gestora y Ejecutiva para la Repatriación de los Restos Españoles de los muertos de la Guerra de Filipinas.

3. RAMOS & RAMOS, RAMOS BROS.

Resulta sorprendente la casi absoluta ausencia o desaparición de todo registro histórico de un grupo empresarial de la importancia de Ramos & Ramos a finales de la primera década y durante la primera mitad de la segunda década del siglo XX. Una de las escasísimas referencias que hemos podido localizar se encuentra en línea, en http://ozvta.com/industry-transoceanic-circuits/, el Australian Variety Theatre Archive, basado en buena medida en la tesis doctoral de Clay Djubal en la Universidad de Queensland, *Popular Culture Entertainment: 1850-1930*, en el capítulo dedicado a la industria, subcapítulo «Circuitos transoceánicos», publicado el 23 de enero de 2013. La entrada completa dice así:

> RAMOS AND RAMOS (El Este) Se cree que R. y A. Ramos comenzaron sus actividades empresariales en el Este alrededor del año 1900. Radicados en un inicio en las Filipinas, extendieron sus negocios a China unos seis años después y para 1909 dirigían espectáculos en vivo y cinematográficos en Manila, Hong Kong, Shanghái, Tianjin, Macao y Pekín. Entre los más conocidos artistas con origen o residencia en Australia que trabajaron con Ramos and Ramos estuvieron Steve Adson, las Coleman Sisters y Olga Montez. Amaro López, representante durante largo tiempo de la empresa en Australia, estaba radicado en Sidney.

Este archivo en línea incluye también una foto de «R. Ramos» a su vez extraída de la revista especializada australiana *The Theatre*, de su número de diciembre de 1909.

The Theatre publica en 1909 dos de las notas más informativas sobre los empresarios españoles. En noviembre de ese año habla de la entrevista que la revista mantuvo con Amaro López al hilo de un anuncio publicado en el *Sydney Morning Herald* el 23 de octubre que dictaba: «WANTED, Artists, Serio-comic pref., for Ramos and Ramos, Hongkong and Shanghai. Apply AMARO LOPEZ, Room 1, Criterion Hotel, between 2 p.m. and 4 p.m. Open one week».[1] Según *The Theatre*, López afirmaba llevar 10 años trabajando con Ramos Brothers, y haber viajado a Australia como el representante permanente de la empresa en el país, con sede

· · · · · · · · · · · · · · ·

1 «SE BUSCA Artistas, Serio-cómicos pref. para Ramos and Ramos, Hongkong y Shanghái. Solicitudes AMARO LÓPEZ. Hotel Criterion, Habitación 1, entre las 2 y las 4 de la tarde. Oferta abierta durante una semana».

en Sidney. Añade que el mismo día de la publicación del anuncio acudieron a la llamada de López al menos 40 aspirantes, aunque el español sólo necesitaba unos cuantos artistas por el momento.

La siguiente nota en la página da una idea del tipo de artistas disponibles:

El Capitán Winston y sus focas entrenadas han recalado en Melbourne. La cabeza te da vueltas cuando intentas conjeturar qué tipo de bestia domada será la siguiente que nos traiga Harry Tivoli Rickards.[2] En un futuro es probable que traiga espectáculos de hadas irlandesas jugando al ping pong con bunyipes australianos, un elefante que recite «Curfew SHALL not Ring'er Tonight»,[3] o un caimán pagado para emparejarse con Irving Sayles[4] en una danza burlesca.

En la información sobre Ramos & Ramos se anuncian mayores detalles en el siguiente número, el correspondiente al día 1 de diciembre de 1909, que además de la foto adjunta de Ramón Ramos incluye la más extensa y prolija información sobre la compañía española de que se dispone hasta el momento. El artículo se titula «The Showmen of the East»[5] y se publica en las páginas 6 y 7 de la revista y quiere ser un fiel reflejo de la entrevista realizada al «Sr. Amaro Lopez, representante permanente en Australia de Ramos and Ramos recientemente arribado».

«Los directores de la empresa», explica López, «son el Sr. R. Ramos y el Sr. A. Ramos. Llevan más de tres años en China. Antes estuvieron seis años en las Filipinas. Entre ambos conocen realmente bien el Oriente de arriba abajo —teatralmente, claro está—». A continuación, describe sus dominios:

En Manila, películas; en Hongkong, vodevil y películas; en Macao, películas; en Shanghái, vodevil y películas; y en Tsien-tsin, vodevil y películas. Macao es la colonia portuguesa, a tres horas de Hongkong. Estos sitios funcionan a lo largo de todo el año. Este mes (diciembre) Ramos

• • • • • • • • • • • • • •

2 Harry Tivoli Rickards fue el propietario del gran circuito de teatros de Australia a principios del siglo XX conocido como circuito «Tivoli». Las reminiscencias italianas de su nombre son seguramente una estrategia mercantil, pues Tivoli era en realidad inglés de origen y se llamaba en verdad Henry Benjamin Leete.

3 Se refiere al poema de Rose Hartwick Thorpe, escritora estadounidense, escrito en 1867.

4 Sayles era un artista negro norteamericano habitual en el circuito australiano de Tivoli.

5 «Los empresarios del espectáculo del Este».

and Ramos espera abrir de manera permanente en Pekín. Probablemente ofrezcan allí vodevil y películas. También están construyendo un teatro nuevo tanto en Hongkong como en Shanghái. En Hongkong y Shanghái Ramos and Ramos ampliará su negocio ofreciendo en sus nuevos teatros representaciones de ópera, comedias y dramas. (…) En Shanghái y Tianjin nuestros escenarios son conocidos como 'The Colon'. En Hongkong y los demás lugares, nuestro título es 'The Victoria'. Hemos tenido mucha competencia en el negocio del cine, particularmente en Hongkong, donde ha habido al menos media docena de espectáculos distintos en el tiempo que Ramos and Ramos lleva allí. Pero todos los intentos de los demás de establecerse permanentemente en competencia con Ramos and Ramos han terminado en fracaso. Uno tras otro fueron cayendo. El resultado es que a día de hoy Ramos and Ramos tienen virtualmente total posesión de la plaza —tanto en películas como en vodevil—. Obtenemos nuestras películas de las mejores casas de París, Berlín, Londres y América.

Aunque de momento López sólo estaba enviando espectáculos de vodevil a China, preveía el envío desde Australia de artistas dedicados a la ópera y el teatro en cuanto se inauguraran los nuevos escenarios en Hong Kong y Shanghái; en realidad, esperaba surtirse básicamente de artistas de este país para sus espectáculos en los nuevos teatros, lo cual es lógico, pues seguramente abarataría los costes respecto a las compañías traídas de Europa o Estados Unidos. Tenía una oficina en Sidney, en Vickery's Chambers, en el n.º 76 de Pitt Street, 2.º piso, puerta 42, aunque también trabajaba en ocasiones en Melbourne. Solamente buscaba artistas de reconocida calidad, como los de la lista de antiguos contratados por Ramos & Ramos que ofrece en el artículo, que incluye a Goldie y Ruby Collins, Ethel Leslie, el matrimonio escocés Lochran, Harry Morris, Laura Diamond, Olga Montez, Coleman Sisters, Kavanagh Brothers, Goldie y Ruby Collins, Muriel Valli y Dollie Keldie.

En un intento por tranquilizar a las jóvenes australianas sobre los peligros y penurias de una eventual contratación en China, López ofrece una interesante descripción de las condiciones en que se desarrollaban las giras con Ramos y Ramos:

Algunas muchachas australianas parecen tener miedo de ir a China. Tienen la idea de que la vida allí es muy costosa. Están equivocadas. Vivir en China es extraordinariamente barato. En Hongkong una artista puede alojarse en una casa de huéspedes de primera por entre 7 y 8 libras al mes. En Shanghái es incluso más barato. Goldie y Ruby Collins y otras chicas del vodevil han visto que compartiendo un cuarto en familias inglesas pueden obtener buen hospedaje por 5 libras mensuales. Nos comprometemos a proporcionar a las chicas la dirección de una buena casa de huéspedes en cada ciudad en que sean contratadas. Algunos piensan que el clima en China es muy cálido. En realidad es el clima de Europa, cálido en verano y muy frío en invierno. Ramos and Ramos paga buenos salarios —de hecho, el doble de lo que los mismos artistas obtendrían en Australia—. Costeamos el viaje de ida y vuelta. La mayor demora entre cualesquiera de nuestros escenarios nunca es superior a dos o tres días.

The Theatre, que «puede hablar —con la autoridad que da la palabra del muy ilustre artista Steve Adson, recién llegado a Australia tras trabajar en China con los Ramos— con la mayor confianza de Ramos and Ramos como la empresa teatral más reputada y fuerte financieramente» (considera que «los artistas australianos no deben tener el menor atisbo de duda ni por un solo instante»), felicita a Ramos and Ramos y les desea un éxito continuado y elogia sobremanera a Amaro López, «un gran señor hasta la punta de los dedos del pie, lleno de tacto y energía, y exactamente el tipo de hombre que puede situarse bien aquí y hacer un excelente negocio para la empresa que representa», de quien incluye un retrato.

Las palabras del famoso cómico Steve Adson a que se refiere la revista australiana son sus declaraciones, efectuadas a la vuelta de su gira por Oriente, en varios medios australianos acerca de la situación en el mundo del espectáculo en China y Filipinas, que tanto el *Referee* de Sidney como el *Sunday Times* de la misma capital titulaban la misma semana[6] «A Warning to Australians», «Un Aviso a los Australianos».

Tras cuatro meses en Manila y nueve en China, donde trabajó para los «Ramos Bros». en Shanghái, Tianjin, Pekín «y otros lugares», Adson narra su experiencia desde Melbourne. Previene a los artistas, y sobre todo a las artistas australianas, sobre muchos gerentes teatrales en China, entre los que excluye explícitamente a los Ramos Bros., «que tratan

· · · · · · · · · · · · · · ·

6 El *Sunday Times*, el domingo 20 de junio de 1909, en la página 6, y el *Referee*, el miércoles 16 de junio en su página 12.

a hombres y mujeres correctamente», cuyo comportamiento sitúa «entre las peores facetas de la villanía que puede uno encontrarse» en Oriente, peores que las torturas chinas, que «las barbaridades de los fanáticos de aquella extraña tierra oriental». De acuerdo con Adson, estos gerentes atraían a China a los artistas y, una vez allí, los sometían «a indignidades y deshonestidad de todo jaez». «No se detienen ante nada, y muchas chicas inocentes que han aceptado un contrato en la creencia de que es *bona-fide* descubren cuando ya es demasiado tarde que el tono moral que las rodea es de lo peor».

En *The Theatre*, el cómico es todavía más rotundo:

> Los únicos empresarios sólidos y respetables en China que yo reco-
> mendaría a los artistas autralianos son los Ramos Brothers. Tienen
> cuatro pantallas cinematográficas funcionando todo el año. Estuve
> con ellos durante seis meses. Al concluir me ofrecieron un contrato
> por otros seis meses. Todos sus escenarios están comparativamente a
> poca distancia uno del otro.[7]

En esos días, el tema del trato a los artistas australianos en China parecía ocupar la atención de la prensa australiana. El 20 de octubre de ese mismo 1909, el *Referee* de Sidney incidía en «Australians in the East»[8] en las declaraciones de The Kavanagh Boys, malabaristas, que a finales de agosto escribían desde Pekín advirtiendo a los australianos de que ciertos gerentes no eran de fiar. Algunos artistas llevaban semanas sin cobrar y habían dejado tiradas a varias jóvenes. Curiosamente, el propio periódico se ofrecía como informador y referente acerca de los gerentes en China a los artistas que se fueran a aventurar allá, a los que anima-ba a escribir a la redacción para consultar. De Ramos Bros., para quie-nes trabajaron, dicen que eran «the big picture people of the East», los peces gordos del cine en Oriente, aunque apuntaban que en Shanghái todo el vodevil estaba haciendo malas entradas. Es interesante señalar que, junto a los Ramos Bros. y sus actuales patronos, el Circo Harmston,[9]

• • • • • • • • • • • • • • •

7 Vid. *The Referee*, Sidney, miércoles 8 de diciembre de 1909, pág. 16, «The Theatrical Gazette».

8 pág. 16

9 Que en mayo y junio de ese año había ofrecido también su espectáculo en Shanghái, en Chang Su Ho Garden, con Mademoiselle Abs., la sansona que levantaba automóviles, como su principal atracción (véase *L'Echo de Chine* de esos meses, pág. 5, donde se anunciaba en gran formato) y en 1910 se desplazaría a Hong Kong (vid. *The New York Clipper*, 3 de diciembre de 1910, pág. 1044, «A letter from the Far East»).

The Kavanagh Boys mencionan únicamente un tercer empresario con el que habrían trabajado durante esos meses en Manila, Shanghái y Pekín: «Levy». No se indica si fue en Shanghái o Manila que trabajaron para Levy ni se da mayor dato sobre su empresa. Solamente nos constan dos Levy en Shanghái, uno de ellos también a caballo de Manila, Bernard Goldenberg Levy, socio e íntimo de Ramos, gerente durante años de sus empresas y personaje esencial en su carrera. El otro, los otros Levy, serían los Sennet Frères, hermanos franceses también apellidados Levy que por un breve periodo de tiempo ofrecieron también funciones cinematográficas en Shanghái que podrían perfectamente haber acompañado de una familia de malabaristas. Sin embargo, al haber sido mencionado Levy, en singular, justamente antes de «the Ramos Bros». y siendo siempre plural el nombre por el que los Freres se hacían llamar, resulta extraño que la referencia fuera a estos hermanos.

Desde Estados Unidos, *Variety* incide también en el problema de los empresarios de vodevil en Oriente, que hace extensible a las islas Filipinas entonces ocupadas por el país norteamericano. La Asociación Australiana de Artistas de Vodevil, escribe la revista americana el 24 de abril de 1909 en *Raw Methods in Manila*:[10]

> Está a punto de hacer reconocimiento oficial de las llamadas condiciones inmorales que afrontan las mujeres artistas que desde Australia asumen contratos de actuación en las Islas Filipinas y puertos cercanos. Un artista, un comediante judío de gran categoría que ha visitado el Archipiélago y China ha escrito al Secretario Mc Leonard Dalton una alarmante lista de cargos contra algunos gerentes.

El artículo cita al artista hebreo con las siguientes palabras: «Estén en guardia antes de aceptar contratos en Manila o China. Sólo hay dos teatros respetables en Shanghái y Hong Kong. Ambos están dirigidos por los Ramos Bros., unos tipos espléndidos. Cuanto menos se diga de los otros, mejor».

En esta tesitura, en otoño de 1909 Amaro López vio conveniente escribir a la prensa local para desmarcarse y alejar a Ramos & Ramos, sus representados, de la especie imperante en el momento acerca de los malévolos gerentes en Oriente, pese a que el propio *The Referee*

· · · · · · · · · · · · · · ·

10   *Variety*, 24 de abril de 1909, Vol. 14, n.º 7, pág. 9; aunque el artículo está fechado el 15 de marzo.

comienza la nota al respecto de dicha carta[11] asertando que Ramos and Ramos «empresarios del vodevil de Manila, Hongkong, Macao, Shanghai y Tianjin (El Oriente), tienen un nombre excelente entre los artistas que han visitado el Este», como por otra parte parece probado en las menciones a ellos que nos hemos encontrado. Amaro escribe, y *The Referee* lo reproduce, que su compañía «no tiene nada que ver con otros gerentes del Oriente contra los que se ha levantado críticas poco favorables. Mi empresa son los mejores y cualquier información que precisaren les será enviada por mí fehacientemente para que no circule impresión alguna en detrimento de mi compañía». Acto seguido, lista un buen número de nombres de artistas que pueden dar fe de la calidad de Ramos Bros., muchos de ellos ya citados arriba, con el añadido de las Lee Sisters y las Philys Sisters, y añade que aunque, admite, en ocasiones se han equivocado y han contratado a artistas mediocres, les han pagado igual.

El hecho de disponer de un representante permanente en Australia, enviado ex profeso, habla a las claras de la categoría de la empresa Ramos and Ramos. Un año más tarde, en septiembre de 1910, López seguía anunciándose en Sidney como representante de la marca, «Ramos & Ramos, Cinematógrafo y Vodevil. Los Empresarios del Oriente», que ofrecía «muy buenos salarios, hospedaje barato y razonable y pasajes de ida y vuelta» únicamente a «artistas de primera clase». En esta ocasión, localizan la oficina en el Queen's Hall, Pitt., 2º Piso, Sidney. En el diario australiano *The Newsletter* lamentaba la enorme dificultad que le estaba suponiendo encontrar artistas que se dedicaran al drama y no solamente a la comedia.[12]

Parece claro que la presencia de López en los ambientes artísticos de Australia no pasó en absoluto inadvertida. Encontramos una nota publicada el 29 de julio de 1912 en la prensa de Sidney[13] que anuncia una gran función que se celebraría esa misma noche en el New Masonic Hall en honor de Amaro López, a quien califica como «antiguo agente para el circuito de Ramos and Ramos en China», en la que participarían artistas de los principales teatros con el permiso de sus respectivos gerentes, consistente en dos horas de vodevil y dos de bailes.

· · · · · · · · · · · · · ·

11 En «The Theatrical Gazette», *The Referee*, 8 de diciembre de 1909, pág. 16.

12 *The Newsletter: an Australian Paper for Australian People, 3 de* septiembre de 1909, pág. 2.

13 *The Sydney Morning Herald*, 29 de julio de 1912, pág. 2.

En cambio, *The Theatre* se hacía eco en abril de 1913 de que López, que había estado «trabajando en el mundo del espectáculo en paralelo a sus obligaciones con Ramos and Ramos», iba a dedicarse las semanas que seguían en exclusiva a los intereses de los Ramos. Mantenía la oficina en el Queen's Hall, que los directorios *Sands* para Sidney y Nueva Gales del Sur, donde Amaro aparece como «agente», sitúan en 1914 en el número 305 de Pitts Street.[14]

El fin de la Ramos Bros., acaecido alrededor del inicio de la Primera Guerra Mundial, viene marcado por el arriendo de los teatros en el sur de China y la marcha de Amaro López y Ramón Ramos a Shanghái, no sabemos muy bien con qué planes y objetivos. López se registra en el Consulado de Shanghái en 1916 y «Ramos Ramos Ochoa» lo hace en 1920, aunque su número de matrícula consular sea casi consecutivo al de Antonio, inscrito muchos años antes. Activo o no Ramón Ramos en la administración del negocio, parece que preservaba derechos de propiedad sobre algunos cines, pues el Consejo Municipal de Shanghái registra en 1919 en su lista de cines del Asentamiento Internacional dos como pertenecientes a A. Ramos y otros dos (el Victoria Theatre y el Hongkew Cinema) como adscritos a la empresa «Ramos, Ramos & Co.».[15]

López siguió trabajando para la Ramos Amusement Company, la nueva empresa de Antonio Ramos en Shanghái, como quedó registrado en el directorio *Hong List*.[16] De Ramón Ramos sólo tenemos una probable referencia durante estos años, que lo localizaría en Shanghái. Se trata de una nota en el semanal anglófilo *The North China Herald* de 30 de septiembre de 1916 (pág. 669) titulada «Killed by a motor car», que recoge el resultado del juicio acontecido a consecuencia del atropello de un ciudadano chino en la calle Nanking Road el 2 de septiembre de ese mismo año, que causó la muerte del atropellado. El chófer del automóvil de R. Ramos, quien viajaba en el coche —a 20 millas por hora— junto a otro extranjero cuanto menos, fue condenado por la Corte Mixta por la muerte del chino, a quien no se identifica, a tres meses de prisión y al pago de 100$ a los parientes del finado.

El 7 de octubre de 1922, algunos días antes de que el asesinato del socio de Antonio Ramos desde sus inicios en Shanghái, Bernardo

14 *Sands Directories: Sydney and New South Wales, Australia, 1914*, pág. 1370.

15 Shanghai Municipal Archive, Microfilm. U.1-3-27, *Cinemas. Miscellaneus. Secretary.*

16 *The North China Desk Hong List 1922*, pág. 235, Ramos Amusement Co. No aparece, sin embargo, en el directorio de 1919, por ejemplo, pese a estar registrado en la ciudad desde 1916.

Goldenberg Levy, ocupara las portadas de toda la prensa local, llegaba hasta Estados Unidos la mala nueva de la muerte en Shanghái de Amaro López, a quien *The Billboard* llama erróneamente «Amido», «gerente para los Ramos Brothers y anteriormente su agente en Sidney, Australia, durante algunos años».[17]

Los reyes del vodevil

Bajo el término *vodevil* se englobaba una panoplia de espectáculos de toda índole que en ocasiones incluían animales y espectáculos puramente circenses, otras se aproximaban más al teatro y en general podrían clasificarse como una extensión de las *varietés*. En las revistas especializadas de la época se anuncian clasificados por especialidad o, si tienen mayor caché, independientemente, con detalles como el número de kilogramos de equipaje que desplazan (que en algún caso llega hasta los 900 kilos). La española *Artístico Cinematográfico*, incluía en 1907[18] las siguientes categorías de artistas: adivinadores, ilusionistas, imitadores, ventrílocuos (dentro de esta sección se anuncia gente como Mariscal, célebre sonámbula), excéntricos, parodistas, acróbatas, dialoguistas y números similares, cuadros regionales, maestros de baile, escenógrafos, sastrerías, arte cinematográfico, operadores, accesorios para cinematógrafo, explicadores, regisseurs y representantes, además de la generalista «varios».

El circuito dirigido por Antonio y Ramón Ramos en Oriente los constituía como el principal grupo empresarial de China tanto en lo cinematográfico como en el vodevil. Las menciones a Ramos & Ramos en la prensa australiana y estadounidense del momento son constantes entre 1911 y 1913, cuando, de repente, desaparecen aparentemente de los circuitos. *Variety*, al informar del proyecto de construcción del que sería el cine Olympic en Shanghái, lo vincula a «Messrs. Ramos and Co., del Victoria».[19] La revista estadounidense *The Billboard* lista en julio de 1913[20] únicamente dos nombres como contratantes en China de espectáculos de vodevil: «Ertzburg», del Apollo Theater de Shanghái, y Ramos and Ra-

17 Véase «Deaths in the Profession», *The Billboard*, 7 de octubre de 1922, pág. 114. La información viene acreditada por Martin Brennan, el representante de la publicación en Australia.

18 *Artístico-Cinematográfico*, n.º 2, de 15 de septiembre de 1907, pp. 4-7.

19 «China», nota firmada en Shanghái el 9 de febrero de 1914 por Cliff. *Variety*, febrero de 1914, pág. 30.

20 «Conditions in the Orient», por Monte Wilks, en *The Billboard* de 5 de julio de 1913, pág. 6.

mos, del Victoria Theater de Hong Kong, aunque añade que existen algunos otros empresarios que ofrecen ocasionalmente trabajo. En Manila incluye solamente la Oriental Amusement Company. Además, propone una ruta ideal en Oriente para los artistas estadounidenses que quieran aventurarse por esas tierras, la que sigue: Honolulu, Japón, China, Siam, Saigon, Singapur, Malasia y Manila, con una posible extensión desde allí a Australia y Wellington en Nueva Zelanda. Un año después, *Variety* también apunta a la extensión Hong Kong-Saigón-Singapur-Bangkok tras el paso por China.[21]

Un repaso a las noticias sobre artistas contratados por los Ramos nos permitirá aumentar la lista aportada por Amaro López con nombres como Olga Montez,[22] Dolly Keldie,[23] la australiana Thelma Woods,[24] Dorothy Swift, Maggie Fraser, Addie Leigh,[25] The Quealys (Harry y Nellie),[26] los estadounidenses George Harris y Edythe Vernon, cuyo contrato de 12 semanas más extensiones en el «circuito Ramos and Ramos, incluía las ciudades de Shanghái, Hongkong y Tientsin»,[27] Lynda Davis,[28] The Lyall Sisters,[29] Elsie McGuire y Percy Foster,[30] Sam Gale y Little Sadie,[31] The Espa Sisters,[32] The Blanchards[33] o Teddy Stanley[34] y comprobar que la mayoría de ellos recorrían un circuito que incluía Manila, Shanghái, Hong Kong, Macao y Tianjin. Intentaremos, pues, dirimir cuanto sea posible del

· · · · · · · · · · · · · · ·

21 «China», nota firmada en Shanghái el 25 de noviembre de 1914 por Cliff. *Variety*, noviembre de 1914, pág. 27.

22 *HAT*-History of Australian Theatre, en línea, en http://www.hat-archive.com/databasesearch.htm.

23 Según nota de su muerte en *The Sydney Morning Herald* el sábado 16 de julio de 1910, en la pág. 19.

24 Según *The Newsletter*, de Sidney, publica el 17 de septiembre de 1910 en su página 2.

25 «A letter from the Far East», de Mark, fechado en Shanghái el 25 de octubre de 1910, en *The New York Clipper*, 3 de diciembre de 1910, pág. 1044.

26 Vid. *Referee* (Sidney). 22 de noviembre de 1911, pág. 16; «Stage Jottings», *Auckland Star*, Volumen XLII, n.º 287, de 2 de diciembre de 1911, pág. 14, firmado por «The Deadhead».

27 «Shanghai Notes», *The New York Clipper*, 30 de diciembre de 1911, pág. 10, aunque el artículo, firmado por Mark Hanna, está fechado la segunda semana de noviembre.

28 «Notes from the Far East», *The New York Clipper*, 17 de febrero de 1912, pág. 20 (nota fechada el 7 de enero en Shanghái).

29 Vid. «Far Eastern Letter», de 29 de enero, por Mark desde Shanghái, en *The New York Clipper* de 2 de marzo de 1912, pág. 8.

30 *The Newsletter* de Sidney, 24 de febrero de 1912, pág. 2.

31 *The Newsletter* de Sidney, 10 de agosto de 1912, pág. 2.

32 *Variety*, diciembre de 1912, Vol. 29, pág. 25.

33 *Northern Advocate* (Nueva Zelanda), 23 de enero de 1922, pág. 8.

34 «Plays and People» *Sunday Times*, 6 de febrero de 1916, pág. 19.

absolutamente desconocido Teatro Colón de Tianjin, una de las novedades extraíbles de las declaraciones de López en Australia.

Como comentamos, la empresa de Ramos y de Ramos mantenía un Teatro Colón en Shanghái y otro en Tianjin. Contraviniendo el dogma de la historiografía clásica que hace al Hongkew primer cine de la «París de Oriente», el Colón fue el primer teatro cinematográfico de la ciudad. Igualmente desconocido, pero mucho más difícil de localizar en fuentes originales (completamente ausentes ambos de libros o artículos, más allá de nuestra modesta producción al respecto) es el Colón de Tianjin. En verdad, además de las declaraciones de López en Australia, la única referencia concreta que hemos hallado al Colon Cinematograph de Tianjin, entonces Tientsin, es un anuncio de la subasta de un póster del cine datado el 9 de abril de 1909 en Christie's. El artículo, clasificado como lote n.º 80, se vendió por 79 libras esterlinas a una tienda de Londres en 1995. Por desgracia, no hay imagen disponible del producto en la página web que glosa la venta.[35] La descripción, sin embargo, es precisa. El póster, un anuncio del cine, como decimos, de abril de 1909, mide 16'67 cm. por 36'83 cm. y tiene el siguiente texto:

> The Colon Cinematograph. Rue du Bron Gros. Follow the Crowd! Follow the Crowd! To the principal and leading Amusement Theatre of first-class Vaudeville and Moving Pictures in Tientsin. Grand Change of Programme To-Night. New Pictures... A fine selection of British, American and French films, never before exhibited in Tientsin will be shown in this Programme. Also New Songs and Dances by the Engel Sisters and a New Monologue by the grand transformist E. Fregolini. The Best Amusement Place in Town.

Rue du Baaon (sic) Gros. Matinee every Thursday and Sunday at Reduced Prices. Imprimerie de L'Echo De Tientsin Express. No. 657-9 Avril 1909.[36]

• • • • • • • • • • • • • •

35 http://www.christies.com/lotfinder/LotDetailsPrintable.aspx?intObjectID=591702, accedida por última vez en junio de 2015.

36 «El Cinematógrafo Colon. Rue du Bron Bros. ¡Siga a la multitud! ¡Siga a la multitud! Al principal y más importante Teatro de Entretenimiento de Vodevil de primera clase y Cine de Tientsin. Gran Cambio de Programa Esta Noche. Nuevas Películas...Una buena selección de películas británicas, americanas y francesas, nunca antes proyectadas en Tientsin compondrán este Programa. También Nuevas Canciones y Danzas por las Engel Sisters y un Nuevo Monólogo a cargo del gran transformista E. Fregolini. El Mejor Centro de Entretenimiento de la Ciudad. Rue du Baaon (sic.) Gros. Matiné todos los jueves y domingos a Precios Reducidos. Imprenta de L'Echo de Tientsin Express. N.º 657-9 de abril de 1909».

A Ernesto Fregolini pudo vérsele también en Shanghái, en el Colon Cinematograph de Ramos, en abril y mayo de 1908 cuando menos,[37] y en Hong Kong en enero de ese mismo año, en el Victoria Cinematograph de Ramos, con salas a rebosar,[38] de manera que hizo el circuito Ramos & Ramos con estancias prolongadas en cada teatro. Un anuncio el 23 de octubre de 1909 (pág. 9) en el singapurense *The Straits Times* sugiere que sus compañeras de reparto, las Engel Sisters, constituían, al menos durante esta gira, compañía junto a él. Debe de tratarse de un sosias del aclamado imitador y transformista italiano Leopoldo Fregoli.[39]

La doble errata «Rue du Baaon/ du Bron Gros» esconde en realidad la Rue du Baron Gros, una de las principales calles de Tianjin, en la Concesión Francesa, que correspondería a la actual Binjiang Road, 滨江道.

Por desgracia, no sabemos el número en que se encontraba el Colón, aunque es de suponer que se ubicaría en el tramo de la calle próximo al río.

La sección «Cinematógrafos» del apartado para Tianjin del directorio *Rosenstock* de 1909 no incluía ningún local.

No debió de ser larga la vida de este Colón, que no hemos podido descubrir en los periódicos contemporáneos de la ciudad publicados en chino que hemos podido consultar ni en los escasos ejemplares de prensa en inglés y francés a la que hemos tenido acceso, pues las referencias a la inclusión de Tientsin en los circuitos de artistas americanos y australianos con Ramos and Ramos, todavía comunes acabando 1911,[40] desaparecen en 1912, pese a que *The New York Clipper* anunciara en una nota fechada en Shanghái el 7 de enero de ese año[41] que «el Colon Cinema de Tientsin está otra vez abierto para la temporada de invierno.

• • • • • • • • • • • • • •

37 Con anuncios diarios en el *North China Daily News*.

38 Véase por ejemplo *The Hong Kong Telegraph*, de 14 de enero de 1908, pág. 4. Fregolini, «el gran transformista», era un tipo que hablaba una amalgama de español, italiano y francés y cambiaba tanto la voz como el atuendo constantemente, con imitaciones de famosas divas musicales.

39 Leopoldo Fregoli (1867-1936) fue un artista italiano de fama mundial dedicado al transformismo en escena. Da nombre al Síndrome de Frégoli, un trastorno que hace pensar que gente desconocida toma la apariencia de familiares o conocidos. No fue infrecuente en la escena española de las primeras décadas del siglo. De hecho, como vemos en *La Vanguardia Española*, a finales de los años 10 había un Salón Frégoli en Barcelona. Amigo de los hermanos Lumiére, realizó incluso una película en 1898, según *CITWF*, titulada *Fregoli, the Protean Artiste*.

40 Véase por ejemplo «Shanghai Notes», de Mark Hanna, en *The New York Clipper* de 30 de diciembre de 1911 (pág. 10) al respecto de la extensión del inicial contrato por doce semanas con los Ramos del dúo norteamericano de bailarines formado por George Harris y Edythe Vernon (también hacía acrobacias, cantaban y recitaban, según *New York Clipper* de 25 de noviembre de 1911, pág. 4).

41 Publicada en «Notes from the Far East»., *The New York Clipper*, 17 de febrero de 1912, pág. 20.

Una *troupe* de acróbatas será la atracción en añadidura al habitual programa de películas», coincidiendo con la visita de «Ramos, gerente del Victoria, Hongkong», a Shanghái[42] y una semana después de la observación de su corresponsal en Shanghái, Mark Hanna, de que «la rebelión ha producido un gran auge en los centros de ocio de todos los puertos de Extremo Oriente, por la garantía que el estacionamiento de hombres de guerra supone para las compañías».[43] Ciertamente, el Apollo, propiedad de S. Hertzberg, acababa de abrir en Shanghái, donde se anunciaba además otra inauguración para ese mismo invierno,[44] e incluso puertos como Tsingtau (actual Qingdao) buscaban añadirse a los circuitos de vodevil.[45] Sin embargo, el 29 de enero de 1912, el mismo Mark Hanna afirma explícitamente desde Shanghái en el diario neoyorquino que el circuito Ramos & Ramos, que Harris y Vernon acababan de concluir con éxito, «incluye: Hongkong y Shanghái».[46] De igual manera, con contratos reducidos a ocho semanas de las doce que solíamos encontrar (aunque en ocasiones hacían contratos de hasta seis meses),[47] define el circuito *Variety* en diciembre de 1912: Hong Kong y Shanghái.[48]

Existe la posibilidad de que la reapertura del Colón se debiera a una rehabilitación fruto de un cambio de manos que lo sustrajera del circuito de Ramos and Ramos.

Igualmente ardua ha sido la localización en otras fuentes del cine que López afirma estarían terminando de construir o rehabilitar los Ramos a finales de 1909 en Pekín. El hecho de que por lo común no se men-

••••••••••••••

42 Ibid. ant. Debía de ser un trayecto habitual en él. El 5 de octubre de 1911, según *The North-China Herald*, había efectuado el mismo trayecto, a bordo del Shinyo Maru, R. Ramos. El 26 de marzo de 1912, unas semanas después del anterior, hacía el viaje a Shanghái de nuevo a bordo del Monteagle, según *The North-China Herald* de 30 de marzo de 1912, pág. 892. El periódico sólo registraba pasajeros en primera clase.

43 «Shanghai Notes», firmado por Mark Hanna desde Shanghái, en *The New York Clipper*. 30 de diciembre de 1911, pág. 10.

44 Vid. «Notes from the Far East», datado el 7 de enero de 1912, en *The New York Clipper*, 17 de febrero de 1912, pág. 20.

45 Como leemos en *The New York Clipper*, 17 de febrero de 1912, pág. 20, que se hace eco de la visita del italiano Carpi, habitual en Shanghái como agente de grandes compañías operísticas italianas poco después, a la ciudad del Huangpu en busca de espectáculos de vodevil que presentar en su teatro, el único abierto en Tsingtau, puerto alemán en China (actual Qingdao).

46 Véase «Far Eastern Letter» firmada el 29 de enero por Mark en Shanghái. Publicada en *The New York Clipper* el 2 de marzo de 1912 en la página 8.

47 Vemos varios casos en la prensa, por ejemplo, el ya conocido de Steve Adson, el de los Quealys en 1911 (en la página 16 del *Referee* australiano el 22 de noviembre de 1911) o el de Percy Athos en 1910 (vid. *The Border Morning Mail and Riverina Times* (Albury). 6 de mayo de 1910, página 3).

48 *Variety*, diciembre de 1912, Vol. 29, pág. 25.

cione la capital china como uno de los destinos de los artistas de Ramos hace pensar que esa empresa no llegara a buen puerto. Sólo hemos podido leer sobre un cine en construcción en Pekín, pero era el Arcade y un año después, en diciembre de 1910.[49] La Arcade Amusement Company construiría en 1914 en Pekín el Peking Pavilion, otro teatro,[50] pero tenía la sede central en Tianjin, donde construyó su primer teatro en septiembre de 1909.[51] «From the Orient», una nota publicada a principios de 1912 en *The Moving Picture World*,[52] contiene la afirmación del director de la Arcade, M. S. Ayer, de que el único espectáculo cinematográfico en las Concesiones Extranjeras de Tianjin en ese momento era el suyo. El 17 de febrero, *The New York Clipper* informaba simultáneamente a la reapertura del Colón de la cancelación de todo vodevil en el Arcade de Tianjin. No es improbable que la afirmación de Ayer se hubiera producido con anterioridad a la inauguración de la temporada de invierno en el Colón.[53]

En todo caso, parece claro que no es arriesgado repetir la conjetura de que el Colón de Tianjin hubo de tener una vida corta toda vez que Antonio Ramos centró definitivamente su campo de acción en Shanghái con la apertura en 1909 de su primer teatro de categoría internacional en el continente, el Victoria Cinematograph, y en paralelo al declive del vodevil, que la reconocida artista Olga Montez, como vimos integrante en su momento del «circuito Ramos & Ramos», avanzaba de esta manera: «Soy la última artista australiana que va al Oriente (…) el *biograph* ha

• • • • • • • • • • • • • •

49 Vid. «Far Eastern Letter», de Mark en *The New York Clipper* el 17 de diciembre de 1910, pág. 1092. La nota está fechada en Shanghái el 8 de noviembre. Extrañamente, cuatro años más tarde, el 1 de diciembre de 1914, se inaugurará el Arcade de Pekín según escribe Cliff el 25 de noviembre desde Shanghái en «China», *Variety*, pág. 27.

50 Como vemos en *The Moving Picture World*, enero-marzo de 1914, pág. 46.

51 Véase «A Busy Night» en *The Moving Picture World*, oct.-dic. 1912, pág. 1179. También encontramos un cine al aire libre llamado Arcade en la Concesión americana de Shanghái, en Yuenfong Road 1A (tras la iglesia de St. Andrew, en Broadway) al menos entre 1909 y 1911, a través de anuncios diversos publicados en el diario *The North China Daily News*, pero no nos consta su adscripción a la empresa de Tianjin (ni que no la tuviera).

52 El 17 de febrero de 1912, en la página 578 del volumen 11, n.º 7.

53 Desconocemos el tiempo que se mantuvo cerrado el Colón, y si fue una clausura prolongada, en cuyo caso habría que plantearse qué relación habrían adoptado Ramos y Ramos con el otro teatro de la ciudad extranjera, el Arcade. Vemos, por ejemplo, que Laura Diamond, que terminó el circuito de los Ramos, con extensiones incluidas, el 22 de octubre de 1910, partió a continuación para Tianjin, donde se subiría al escenario del Arcade, lo cual sugiere cuando menos que por entonces el Colón podría hallarse ya en rehabilitación o no ofrecer espectáculos en vivo (entre otras opciones, por carecer de licencia para vodevil, por ejemplo), y cuando más que el Arcade, con o sin la anuencia de los españoles, se hubiera erigido como sustituto, siquiera temporal, del Colón en este puerto (vid. «A letter from the Far East» fechada en Shanghái el 25 de octubre con firma de Mark en *The New York Clipper* de 3 de diciembre de 1910, pág. 1044). Hay que apuntar que de todas maneras tampoco es infrecuente el paso de artistas del circuito Ramos, una vez acabado su contrato, a otros teatros que busquen sus servicios, según observamos en las hemerotecas.

expulsado a los artistas de vodevil. Los gerentes ven que el público gusta de las películas tanto como de los artistas, y, como aquellas son mucho más baratas, se decantan por ellas».[54]

Hasta que la guerra no permita la plena reinstauración de los circuitos de Asia-Pacífico no volverá el gran vodevil a Oriente, y lo hará por lo general en forma de mayores compañías con espectáculos más grandes que acomodar en los nuevos cines con aforos de alrededor de mil butacas; el primero de estos cines llegará a Shanghái en 1914 de la mano, como no podía ser de otra manera, de «Messrs. Ramos and Co.», como pasarán a denominarse Ramos & Ramos tras el abandono del sur por Ramón.

El relato de la empresa de Ramón Ramos en el sur de China es, de nuevo, completamente ignoto y lo desarrollaremos en sendos capítulos dedicados a Macao y Hong Kong a continuación. Los Ramos traerán también a las colonias extranjeras en la frontera sur del Imperio los baluartes de la modernidad: el vodevil, el cinematógrafo y las pistas de patinaje, un elemento también olvidado hoy día que en su momento significó la máxima novedad en el campo del ocio de las clases medias, especialmente en el subtrópico de Macao y Hong Kong. Las pistas de patinaje combinaban el asueto colectivo de niños y mayores con los espectáculos de tono circense de profesionales que efectuaban extensas giras internacionales. Vemos por ejemplo cómo el australiano Percy Athos, acróbata sobre patines, emprendió en el verano de 1910 un *tour* por Japón y China de la mano de los Ramos Bros., que lo contrataron por seis meses[55] coincidiendo con la apertura de su pista de patinaje en Hong Kong (que sumar a la de Shanghái), acaecida en noviembre de 1910, con unas dimensiones, por cierto, de 164 x 64 pies (50m. x 19'5m., casi 1000 m²);[56] y la de Macao en enero de 1911.[57] La combinación de salón de cinematógrafo y pista de

• • • • • • • • • • • • • •

54 En «Mimes and Music», firmado por Orpheus. *Evening Post*, Volumen LXXXVI, n.º 113, 8 de noviembre de 1913, página 11. Cuenta también Orpheus cómo Montez había actuado en Hong Kong mientras el teatro se agitaba por causa de un tifón y el piano casi flotaba en el agua, sin que el público, acostumbrado, se inmutara. Vemos que la poca exigencia de los espectadores de la época en China no se reducía a su tolerancia ante proyecciones muy defectuosas.

55 Según información extraída de «Albury Skating Rink», en *The Border Morning Mail and Riverina Times* (Albury, Nueva Gales del Sur, Australia), 6 de mayo de 1910, pág. 3.

56 En «Far Eastern News», *Schenectady Gazette*, 13 de enero de 1911. Unas semanas antes había abierto otra pista de patinaje en Hong Kong en el antiguo Hotel Belleville, según informa *The New York Clipper*, el 3 de diciembre de 1910, pág. 1044 en «A letter from the Far East» fechada en Shanghái el 25 de octubre por Mark.

57 Véase el diario *A Verdade* de 14 de enero de 1911, pág. 4.

patinaje que los Ramos reproducirán como epítome de la modernidad en varias de sus sedes no era extraña en aquellos inicios de las proyecciones cinematográficas. Encontramos ejemplos de ello por todo el mundo, desde Turquía hasta Australia.

Como ocurriría años después con la producción cinematográfica, los Ramos, o cuando menos Ramón, fueron también pioneros en la representación artística de chinos en el exterior. Una nota encontrada en el rotativo *The Hong Kong Daily Press* de 10 de octubre de 1911 (página 2) da cuenta de ello. En este caso, se trata de la visita a Londres de una *troupe* china en septiembre de 1911 bajo la dirección de Leung Hung Ng, con un mago como estrella principal, organizada por «el Sr. Ramos, del Victoria, Hong Kong». No parece que fuera un caso excepcional. Según recoge Leon J. Lyell en la reseña «Alexander Marion Poe» dedicada a su abuelo, Alexander Marion Poe (1885-1957),[58] este ilusionista estadounidense, que residió en Australia entre 1900 y 1908, conocido, entre otros, por los nombres artísticos Abdul Khan («The Hindoo Mystic», «El Místico Hindú») y Darky Deering —en su faceta de cantante de *blackface*, cara negra, populares entonces, artistas blancos que, a imitación de los cantantes de raza negra, salían embetunados de piel al escenario y actuaban al modo de Al Jolson, sirva como ejemplo conocido, en la película *The Jazz Singer*— tuvo como agentes en el Reino Unido a Ramos and Ramos.

En 1914 todavía hallamos referencias a Mssrs. Ramos & Co. o Ramos, Ramos & Co.,[59] mas pronto se reducirán al singular «Ramos», o «Ramos, A.» antes de que la nueva empresa de Antonio, la Ramos Amusement Company, englobe a todo su emporio con base en Shanghái. Encontramos todavía en 1916 en Manila el título Ramos, Ramos & Co. en el listado de Efectos de Cinematógrafo,[60] como una de las tres empresas en mayúsculas y negrita —nótese cómo entre las menos destacadas tipográficamente se incluye la Variety Film Exchange Co. del conocido pionero del cine y aventurero Benjamin Brodsky— junto a La Puerta del

....

58 En https://ozvta.files.wordpress.com/2011/04/poe-alexander-lyell-2122014.pdf. Fue publicada el 29 de noviembre de 2014. Accedimos al artículo por última vez en marzo de 2016, cuando pudimos también intercambiar correos electrónicos al respecto de este tema con su autor.

59 Por ejemplo, en una nota en *The Motion Picture News* de enero de 1914, pág. 31, dando cuenta de la contratación del servicio en China de New York Weekly, de la Photo Film Company dirigida por Jesse J. Goldburg, por parte de «Ramos, Ramos & co., de Shanghái, China». Suponemos que se trataba de reportajes o noticieros americanos que proyectar en China, aunque podría también interpretarse el texto como que los Ramos producirían los documentales chinos de la compañía para su emisión global.

60 En la página 298 del directorio *Rosenstock's Manila City Directory*, 1916.

Sol y Cine Pathe Freres, ambas en la calle Escolta. La empresa de Ramos se localizaba en el número 504 de Martínez, también en Binondo. Es de notar cómo no existe en el volumen al que nos estamos refiriendo mención alguna a la participación de Ramos, Ramos & Co. en el negocio del vodevil, sino que aparece en las distintas clasificaciones y apartados siempre vinculada a lo cinematográfico exclusivamente.

No obstante, aunque la creciente abundancia de escenarios y el auge del negocio cinematográfico desplazaran a Antonio Ramos de la supremacía que un día tuviera desde su Ramos & Ramos en la contratación de espectáculos de vodevil en Oriente, en las plazas donde conservó o continuó expandiendo su red de teatros, el empresario andaluz nunca dejó de lado el vodevil y otros tipos de artes escénicas, desde grandes conciertos a numerosas óperas italianas. Como muchos de los grandes, aunque fuera desde más allá del proscenio, al otro lado de la pantalla, como Charles Chaplin, como los Hermanos Marx, como Alla Nazimova, Antonio Ramos no dejó nunca del todo esa faceta vodevilesca que a un tiempo le sirvió para promocionar su cine cuando éste se hizo presidente en su carrera en los teatros de uno y otro lado de Eurasia. La misma inauguración de su último cine, el primero español, el Rialto de la madrileña Gran Vía, en los estertores de la década de los veinte, da buena cuenta de estas raíces imborrables.

4. HONG KONG

Aunque se pueda tener hoy en día la impresión de que la colonia británica de Hong Kong siempre fue una gran ciudad, un próspero puerto comercial, en sus orígenes se trató más bien de un puesto militar del Imperio que poco a poco fue consolidando una importancia nunca superior a la de Shanghái en la región, especialmente en el plano cultural, al menos hasta el advenimiento del comunismo en China.

Según Crow (1921: 282), al acabar la década de los 10 la ciudad contaba con unos 450.000 habitantes, 6000 de ellos —soldados aparte— extranjeros blancos, frente a los 2 millones de habitantes y 25.000 blancos de Shanghái (Crow, 1921: 102). Shanghái, situada a unas 800 millas, tenía, lógicamente, una importante influencia en la colonia, distante más de 10 mil millas de su metrópoli.

El censo de 1911 arrojaba números similares: 453.793 habitantes —293.131 varones y 160.662 hembras— de los cuales 440.636 —285.374 varones— eran chinos, según informaba el periódico hongkonita *The China Mail* el 10 de junio de 1911 en su sexta plana. De esos habitantes, casi 50.000 vivían en embarcaciones. Analizando la fuente original, el censo realizado el 20 de mayo de 1911 al anochecer, en un intento de hacer coincidir lo más posible la fecha con el recuento simultáneo en todo el Imperio (aunque las fuertes lluvias y ciertos inconvenientes que demoraron hasta tres meses el trabajo en algunas áreas de la colonia complicaron la sincronía) encontramos datos de interés no reflejados en el informe del *China Mail*. Nos basaremos para ello en *Report on the Census Of the Colony For 1911*.[1]

Entre los 456.739 censados —12.075 de ellos no eran chinos— cifras ligeramente divergentes de las aportadas por el diario anglófilo, había unos 55.000 viviendo en embarcaciones, y pese a un significativo ascenso respecto a los censos previos, de 1901 y 1906, todavía únicamente 59 mujeres por cada 100 varones en el caso de los extranjeros, 37 chinas adultas por cada 100 hombres chinos.[2]

En 1911 se censaron en Hong Kong 100 españoles, 3761 británicos y 2551 portugueses, que en todo se contabilizan como una categoría aparte, siendo las demás «europeos», «americanos (EE. UU.)», «británi-

· · · · · · · · · · · · · ·

1 De 7 de octubre de 1911. Puede encontrarse en línea en: http://sunzi.lib.hku.hk/hkgro/view/s1911/2077.pdf

2 En este censo se considera adulta a una persona con 15 o más años de edad.

cos», «asiáticos con exclusión de los chinos» y «chinos». El número de europeos y americanos, británicos y portugueses aparte, esto es, de blancos de nacionalidad distinta a estas dos predominantes, ascendía a 1400 personas. El motivo de singularizar a los portugueses, indica el informe, es tanto su número como el que constituyeran una comunidad diferenciada, completamente aclimatada a los trópicos, nacida en su inmensa mayoría en la región, sin parangón en otras colonias de extranjeros en la ciudad. Sólo 12 de los 2500 portugueses registrados habían nacido en Portugal y menos de 100 en otros puertos chinos fuera de Macao (813) o Hong Kong. Otras singularidades de la comunidad portuguesa son su media de edad, mucho más baja que la del resto de categorías diferenciadas, y su distribución por sexos. Es la única población con más mujeres que hombres, y de hecho, con bastantes más mujeres que hombres. En la delirante lista por «razas» que establece el censo, que hoy identificaríamos como nacionalidades en realidad, también las italianas son más, en este caso muchas más, que los italianos, 42 por 16, y las austriacas son más que los austriacos. Se registran 52 españoles y 48 españolas. Los judíos, 231, aparecen como una raza, la quinta con mayor número de habitantes «no asiáticos» tras ingleses, escoceses, alemanes y americanos. También los superan, claro está, los chinos, los japoneses —casi un millar— y los indios —más de mil. Vemos, pues, que la colonia española es una de las más numerosas, más que doblada por la filipina—. Casi el 99 % de los chinos —el grueso de los hongkonitas— nacieron en Guangdong.[3]

El documento es prolijo en datos que permiten una visión del territorio bastante precisa desde varios prismas. Especifica (pág. 2) que «hay muchos más europeos en la colonia en invierno que en verano», lo que sin duda tendría gran trascendencia para el negocio del cinematógrafo y el vodevil, en un inicio netamente volcado hacia este tipo de público y las tripulaciones de mercantes y barcos de guerra, en constante movimiento. Casi la mitad de los extranjeros no asiáticos se declaraban católicos romanos, dato nada intrascendente si se tiene en cuenta la influencia durante toda su carrera profesional en Asia de las congregaciones misioneras, específicamente de los agustinos, en la actividad empresarial de Antonio Ramos Espejo. En 1900, Gaudencio Castrillo (Ampudia,

· · · · · · · · · · · · · · ·

3 Hasta el punto de que en Hong Kong se identificaba lo chino con lo cantonés. Cuando el 30 de junio de 1914 el chino Li Hon Fan ofrece sus servicios en la tercera plana del diario The Hong Kong Telegraph como profesor titulado de chino a oficiales y mercaderes dice tener también conocimientos de mandarín y hakka, identificando, pues, el idioma de Cantón con el chino y no así el dialecto de la capital.

Palencia, 1870 - Manila, Filipinas, 1945), futuro prior de la orden en Filipinas y China, era enviado a Hong Kong para aprender inglés con vistas a las restricciones que Washington comenzaba ya a imponer al español en el archipiélago filipino.[4]

Sólo se cuenta un extranjero cuya dedicación laboral sea la proyección de películas, un «Cinematograph Operator», y se lo categoriza como «población no china con exclusión de europeos, americanos e indios»,[5] esto es, un asiático no chino o, lo más probable, un portugués.

El cine, como en Macao y en China, fue en sus orígenes un asunto de occidentales en Hong Kong, un puñado de privilegiados en una población eminentemente china. De acuerdo con Odham Stokes y Hoover (1999:5) en la década de 1880, 17 de los 18 mayores propietarios de Hong Kong eran chinos (nada extraño si observamos los censos que ofrecen estos mismos autores una página más adelante, 31.463 chinos sobre 32.983 habitantes en 1851, 859.423 sobre 878.947 ochenta años después) pero ningún ciudadano chino tendría un asiento en el Consejo Ejecutivo de la colonia hasta entrados los años 20. El empleo infantil no era extraño, incluida la prostitución, y en 1921 el censo registraba casi 3000 concubinas.[6] El amparo de la ley era limitado hasta el siglo XX en la colonia. El éxito de los comerciantes en mantener los impuestos al mínimo posibilitó la abundancia de bandas, proxenetas y matones frente a una reducida y poco competente fuerza policial.[7]

De igual manera, los historiadores del cine chinos han mantenido hasta hace muy poco tiempo el cine hongkonés como un asunto marginal en sus agendas, diríase que extranjero.[8]

• • • • • • • • • • • • • •

4 Como se aprecia en las misivas que C. S. Arellano le remitiera el primer semestre de ese año desde Manila, conservadas en el Archivo de los Padres Agustinos Filipinos de Valladolid, en las que le desea un rápido avance en el estudio del inglés y califica a Manila como «esta Babel» con «atmósfera cargadísima» (APAF: 434/1).

5 «Chinese population other than Europeans, Americans and Indians». En esa misma tabla, entre las escasas mujeres que trabajaban, junto a algunas maestras, modistas, lavanderas, monjas y sirvientas encontramos, extrañamente, dos tatuadoras (tabla XXXIII, pág. 103 —48—).

6 Según el censo de ese año, que *The North China Daily News* resume en «The Hong Kong Census» el 17 de diciembre de 1921 (pág. 9). En concreto, se registran 2974 concubinas, «gran cantidad de ellas muy jóvenes» y 6677 niños menores de 12 años que trabajan como empleados domésticos, de los cuales 5100 eran *muitsai* (niñas pobres vendidas por sus padres como sirvientas, que a menudo acababan en burdeles).

7 Odham Stokes y Hoover (1999:2)

8 Fu y Desser (2000:2)

4.1. El primer cine y los primeros cines en Hong Kong

De acuerdo con Suyuan Li y Jubin Hu (1997:19), el primer cine de Hong Kong se llamó Xilaiyuan y fue inaugurado el 16 de enero de 1901, aunque un mes más tarde había cerrado sus puertas por falta de negocio, reabriéndolas un año después en el número 104 de Hollywood Road, con cuatro sesiones diarias. Estos mismos autores aseguran (1997: 20) que el Cine Victoria, un edificio de tres plantas decorado a la moda y dirigido por extranjeros, abrió sus puertas en 1907, y añaden que ese mismo año Li Zhang y Li Qi establecieron el 5 de diciembre el Motion Picture Theatre. Sin embargo, Zhen (1998: 157), apunta que «The first recorded screening in Hong Kong that I can trace took place at the Victoria Theatre located in Central in 1905, featuring British productions such as *The Fire in the Capital*» («los primeros registros de proyecciones cinematográficas en Hong Kong que he podido encontrar tuvieron lugar en el Victoria Theatre situado en Central en 1905, producciones británicas como *The Fire in the Capital*»). Pero, continúa, con anterioridad también había habido proyecciones baratas en escenarios temporales. Por su parte, Kar y Bren (2004:21, 22) afirman que durante la primera década del siglo XX, los locales de cine de Hong Kong fueron por lo general temporales, «pero a finales de 1907, el empresario español Antonio Ramos abrió el que quizás sea el primer cine de Hong Kong: el Teatro Victoria en Pottinger Street, Central».

No obstante, los autores incluyen en el Apéndice 2 de su libro, «Some early Hong Kong Film Venues» (pág. 305), el Victoria Cinematograph («with live acts», «con actuaciones en vivo») como inaugurado o reestructurado el 21 de enero de 1909, y acreditan el dato con un anuncio en *The South China Morning Post* de 21 de enero de 1909. Además, incluyen otros dos recintos anteriores con exhibiciones cinematográficas, aunque no especifican que fueran permanentes (pese a que sí se registran bajo el nombre de teatros en la tabla): el Hong Kong Cinematograph de diciembre de 1907 — inaugurado el 3 de diciembre de 1907 con «películas que nunca antes se habían visto»— y el Edison Kinetoscope —abierto el 13 de abril de 1908, según un anuncio de *The South China Morning Post* de 21 de abril de 1908—. La película que inauguraría el Victoria Cinematograph sería *Showing a Journey from the Hong Kong Peak*.

Kar y Bren (2004: 22) completan el paisaje del cine en Hong Kong en esos primeros años del siglo XX con la mención de dos teatros chinos muy activos, el Chung King y el Ko Shing, y de las consabidas teterías que, como en Shanghái, incluían las películas entre los espectáculos que ofrecían con cierta frecuencia. También podía asistirse a menudo a espectáculos de cine en grandes jardines como Hei Lou Garden, que en 1902 ofreció varias semanas consecutivas de sesiones cinematográficas que además anunciaban como rodadas en Shanghái, Pekín y otros puertos chinos. Algunas compañías teatrales, añaden, incluían películas en sus espectáculos ya en 1900, según refleja el periódico *Chinese Mail*.

Hong Kong era una ciudad de tránsito común para las *troupes* de gira por Asia mucho antes y más frecuentemente que Macao medio siglo antes del advenimiento del cine, como certifica Bickers (2011:58). En 1844 ya contaba con un Teatro Victoria, como relata Welsh (1997:140) que describe una nueva atracción llegada al teatro (en aquellos días, la planta superior de un galpón en Wanchai) en dicho año, la «Maravilla de las Maravillas», contemplable de 12 del mediodía a 1 de la tarde: «the great ORANG OUTANG named Gertrude… taking her dinner, sitting on a chair at a table, using spoons, knives and forks, wiping her mouth with a towel, she will open a bottle of wine and drink to the health of the spectators, she will after smoke a cigar» («la gran ORANG UTAN llamada Gertrude… cenando, sentándose a la mesa, usando cucharas, cuchillos y tenedores, limpiándose con una toalla la boca, abrirá una botella de vino y beberá a la salud de los espectadores, tras lo cual se fumará un cigarro»).

Nada que ver, claro está, con el cinematógrafo Victoria que Kar y Bren relacionan en 1907 con Antonio Ramos, pese a la proximidad de ambos teatros, porque éste se encontraría en el distrito Central. ¿Y con el de 1909? ¿Es el mismo que los mismos autores sitúan en Pottinger Street en 1907, tal vez una renovación del edificio? ¿Alguna relación con el Victoria que Zhen localizaba en 1905? De nuevo, nos valdremos ante todo de las hemerotecas de Hong Kong, y de los registros municipales que hemos podido consultar, para tratar de responder a estas dudas y establecer de la mejor manera posible el recorrido de Antonio y Ramón Ramos en esta plaza.

No hemos podido determinar el momento en que Ramón o Antonio Ramos desembarcaron en Shanghái. No aparecen en los por entonces escasos listados de pasajeros llegados a la colonia publicados en prensa ni en las «Juror Lists» que se publican en los *Blue Books* de Hong Kong y el boletín oficial, *The Hong Kong Government Gazette*, listados de individuos que podían formar parte de los jurados en caso de proceso judicial. Sabemos que Gaudencio Castrillo, prior provincial de la

Provincia del Santísimo Nombre de Jesús de Filipinas, y procurador de los Agustinos en Shanghái desde 1901, amigo de Antonio Ramos desde sus años filipinos, fue enviado en 1900 a Hong Kong para aprender inglés por su orden,[9] lo cual hubiera podido ser un acicate para los Ramos, si bien podría haberlo sido también años después.

Tampoco encontramos referencia a un cinematógrafo estable antes de 1907. Existían por entonces compañías itinerantes que ciertamente habrían recalado en la colonia y ofrecido en distintas sedes su espectáculo como parte de las funciones de vodevil programadas en distintos locales, que incluían en un solo escenario todo tipo de entretenimiento para el público. Según publica *The Hong Kong Government Gazette* el 16 de octubre de 1908, pág. 1254, y firma el Gobernador F. D. Lugard, en la Ordenanza de Regulación de Teatros y Espectáculos Públicos el término «stage play» («representación en un escenario» sería una traducción bastante cercana) ha de ser entendido como cualquier «tragedia, comedia, farsa, ópera, *burletta*, interludio, melodrama, pantomima, exhibición cinematográfica, muestra de danza, magia, malabarismos, acrobacias, combate de boxeo, circo, concierto u otro entretenimiento sobre un escenario o un componente de ellos».

«A French Dispute. Trouble over a Cinematograph Show», nota en *The Hong Kong Telegraph* de 23 de septiembre de 1908,[10] describe cómo el francés Auguste Danfresne había llegado a Hong Kong con una «compañía de cinematógrafo» —que, a lo sumo, se compondría de la máquina, las películas y un proyeccionista, quizás una tienda de campaña y luces— y, ya en la colonia, había buscado un socio, el también francés Charles Nuguet, para instalar un espectáculo de películas que llamarían Hong Kong Cinematograph. El artículo es un informe de la demanda que Nuguet había interpuesto contra Danfresne que nos proporciona información sobre la manera en que se establecían estos negocios en esas fechas. Los dos franceses se asociaron de manera que Danfresne aportaba sus conocimientos a la empresa, Nuguet, las películas y la maquinaria, un chino, el local (a cambio del 50% de los ingresos) y la Union Commercial Company percibía un 10% de las ganancias a cambio del suministro de la electricidad necesaria en el local. El 40% restante de lo obtenido con el negocio debería ser para Danfresne según mantenía este, pues su socio

· · · · · · · · · · · · · ·

9 Vid. Toro Escudero (2012b: 172).

10 En la página 5.

había tenido una voluntad caritativa en su aportación, había realizado un préstamo generoso del material, extremo en el que Nuguet disentía. El Hong Kong Cinematograph abrió el 3 de diciembre de 1907, aunque tuvo una brevísima vida. Más adelante abriría otro cinematógrafo con el mismo nombre, aunque el propietario podría ser otro.

Pocos meses antes se inauguraría el Cinematograph Pathé en Weismann's Large Hall, con entrada por Wyndham Street. Comenzaría a anunciarse en *The China Mail* el 17 de julio de 1907. El 5 de agosto el rotativo anuncia en su quinta plana la proyección en el cinematógrafo de *The Life and Passion of Christ*, estrenada la noche previa, el sábado 4, en 33 cuadros, desde La Anunciación a La Apoteosis,[11] con el siguiente comentario:

> El Cinematógrafo en las salas de Weismann todavía atrae grandes multitudes. El sábado por la noche no había siquiera hueco de pie. Las principales imágenes exhibidas son las que tratan la Vida y Pasión de Cristo, que duran una hora y media. Las imágenes son, por supuesto, prácticamente como las actuaciones de la gran obra en Omerammagn, que atrae miles de peregrinos. A continuación se ofrecieron películas cómicas y en conjunto la audiencia aplaudió entusiasta la función.

Los cambios de programa se anunciaban como semanales y en ocasiones se ofrecían también matinés. La publicidad incidía en el éxito del local y no ocultaba los principales problemas del espectáculo, comunes a todos los cines de la región en aquellos años: la falta de renovación de los títulos y la defectuosa imagen, vibrante por lo general, que se ofrecía. El 25 de septiembre, la quinta página de *The China Mail* incluía el anuncio de «El Cinematógrafo en Weisman's Hall», que avanzaba un cambio total de programa gracias a que el agente de la Pathé estaba de paso por la ciudad: «Todas las películas se muestran hermosas y sin el molesto parpadeo habitual en los cinematógrafos». Vemos dieciséis meses después los mismos halagos, que denotan que se seguía proyectando en Hong Kong con baja calidad de máquina y película, en esta nota en el *The Hong Kong Telegraph* de 30 de enero de 1909 (pág. 40) en

· · · · · · · · · · · · · ·

[11]   Con una duración de 90 minutos, según se publicitaba. *Vie et Passion de notre Seigneur Jésus-Christ* (Pathé Frères, 1907) tendría sólo 990 metros según IMDB. Otra posible versión de la leyenda de Jesucristo sería la serie *Passion Play* (S. Lubin, 1903), 31 episodios según IMDB (el anuncio de *The China Mail* prometía 33), que totalizarían algo más de 1000 metros de película.

el Alexandra Cinematograph: «What must have struck every member of the audience was the fact that there was none of the irritation flickering and shakiness so common in worn-out films and so harmful to the eyes» («lo que debe de haber impactado a todos los asistentes es el hecho de que no hubiera nada de la vibración y el parpadeo tan comunes en las películas desgastadas y tan dañinos para los ojos»). Se sigue enfatizando también la claridad de la imagen. El 13 de marzo de 1909 el mismo diario habla de que las películas de ese cine disfrutan de «ausencia absoluta de parpadeo».

El Cinematograph Pathé es más el nombre del espectáculo que del local, homologable en todo a las funciones que Antonio Ramos hacía en Shanghái en distintas teterías, un local habilitado temporalmente para la proyección de cine. El 5 de agosto de 1907 la nota sobre el cine en el *The China Mail* era nidia a este respecto: «El cinematógrafo en las salas de Weismann todavía atrae grandes multitudes». «El Cinematograph Pathé, establecido en los Salones de Weismann siempre tiene una buena selección de títulos», incidía el 5 de noviembre en *The China Mail*, pero a partir de ese mes dejaría de anunciarse en la prensa local, seguramente por fin del negocio. En la misma calle Wyndham Street, no sabemos si en el mismo edificio, abrirá en marzo de 1909 el Star Cinematograph, esta vez un local permanente desde un inicio pensado para la habitual combinación de cinematógrafo y vodevil. Un anuncio en *The Hong Kong Telegraph* una semana antes de su inauguración, que tendría lugar el lunes 22 de marzo, dos días después de lo previsto por fallos en la red eléctrica, con una combinación de *vaudeville* y películas «que no pueden calificarse como particularmente notables» ante una casa moderadamente concurrida,[12] promete la máxima ventilación posible, una buena salida de emergencia, películas inéditas en Oriente,[13] limpieza (el suelo de baldosas será fregado diariamente) y buenos artistas en su escenario, lejos de la tosquedad y la vulgaridad.[14] También informa del nombre y nacionalidad del empresario, un tal Mr. Caslly, estadounidense.

· · · · · · · · · · · · · ·

12 Según informaba *The Hong Kong Telegraph* el 23 de marzo de 1909 en la página 4. Vemos en «The Star Cinematograph», en *The Hong Kong Telegraph*, 16 de marzo de 1909 (pág. 5), que el vodevil consistía en una niña que vestía distintos trajes de noche (Baby Daughtry) y los números de una joven cantante y bailarina, Miss Little Oatley. Anuncios posteriores elogian a la niña y añaden a esta y Miss. Little Oatley dos nombres más: Vera Vaughan y Linton David.

13 «Cómicas, patéticas, dramáticas y sensacionales», concretan el mismo día del estreno, el lunes 22 de marzo, en el anuncio que publica *The Hong Kong Telegraph* (pág. 5).

14 *The Hong Kong Telegraph*, 16 de marzo de 1909, pág. 5.

El Star Cinematograph no es el primer cine inaugurado en la colonia británica. Si en enero de 1909 el Alexandra Cinematograph, «The Coosiest and most Central Hall», abría sus puertas en el n.° 2 de Zetland Street,[15] el viernes 1 de noviembre de 1907 el Victoria Cinematograph se convertía en el primer teatro cinematográfico de Hong Kong, con dos sesiones vespertinas, la primera, de 7 a 8:45 y la segunda, de 9 a 11. Se ubicaba en Des Voeux Road esquina con Pottinger Street, en el distrito Central, y sus precios iban desde los 40 centavos de dólar al dólar que costaba el asiento de palco, como vemos en el anuncio que publicaba ese mismo día en portada el periódico *The China Mail*. Comprobamos en un anuncio pocos días después en *The Hong Kong Telegraph*[16] que también alquilaba películas y maquinaria de cine a bajo precio. El único competidor en este mercado que encontramos en la prensa en esos días era la Pathé Frères, que prometía nuevas películas semanalmente, que vendía por longitud del rollo, a 43 centavos/metro (en moneda de los Estrechos). Esta oficina se proclamaba agente exclusivo para los Estrechos, Birmania, Java, Sumatra, Siam, Hong Kong, Filipinas, «etcétera».[17] La nueva pantalla fue recibida con entusiasmo por el público hongkonita, según reflejaba *The China Mail* el 2 de noviembre:[18] «El nuevo 'Victoria Cinematograph' en Des Voeux Road está llenando. Se ha construido un nuevo y espacioso salón que se ha demostrado admirable para su propósito. El público agradece las instalaciones y disfruta de las películas».

Por lo que dejan ver los periódicos, 1908 fue un año en el que el Victoria se erigió no sólo como el principal cinematógrafo de Hong Kong, sino también como el escenario para el vodevil internacional en la colonia británica. Si en enero era Fregolini, «el gran transformista» quien ofrecía «excelente(s) actuación(es) a una sala repleta»,[19] en febrero una *troupe* rusa hacía las delicias del respetable con canciones en

........··········

15 El 21 de enero, según Kar y Bren (2004: 305). La encomiable página web *cinematreasures.org* data la primera inauguración el 17 de julio de 1908, aunque pocos meses después fue remodelado y en enero, reabierto; Carl Smith apunta también la fecha de 17 de julio de 1908 en sus tarjetas (Tarjeta «Alexandra Cinema», n.° 162055, y tarjeta «Alexandra Cinema Theatre», n.° 162059; Hong Kong Public Records Office); tras la reapertura en 1909, no tardó en volver a cerrar sus puertas.

16 *The Hong Kong Telegraph*, 20 de noviembre de 1907, página 2, «To-night Victoria Cinematograph». Anuncios similares se publican en *The China Mail* prácticamente desde el día de la inauguración, en la portada del número del 5 de noviembre, por ejemplo.

17 Véase por ejemplo *The Hong Kong Telegraph*, 1 de noviembre de 1907, pág. 2.

18 En la página 5.

19 Vid. *The Hong Kong Telegraph*, 14 de enero de 1908, pág. 4.

ruso y en inglés[20], y, antes de que en Semana Santa «el Propietario del Cinematógrafo» (Ramón Ramos) proyectara durante toda la semana la *Obra de la Pasión*[21] (con excepción del Viernes Santo, cuando no habría funciones[22]), la familia Angel, rusa, culminaba su estancia en el Victoria «con una gran audiencia».[23]

De las películas que se proyectaron durante el año no sabemos mucho. Suele enfatizarse que son nuevas, recién llegadas, y suele postergarse su anuncio al de los artistas contratados, no quedando espacio en la publicidad para mayores detalles. El 13 de abril, la nota sobre la sesión del sábado en *The Hong Kong Telegraph* habla del aplauso encontrado por la nueva serie de películas llegadas de París.[24]

La reapertura en la Semana Santa de 1908 del Hongkong Cinematograph,[25] con un cambio en la gerencia, ahora en manos de un tal Dietrich, antiguo empresario «del cinematógrafo en Weismann» (ha de referirse al Cinematograph Pathé arriba mencionado, de corta vida)[26] y la promesa de exhibir «las últimas películas cómicas, dramáticas y sensacionales», aumentó la competencia en el campo cinematográfico, pero el Victoria continuó siendo la referencia del vodevil en el puerto.

Por lo general, las compañías contratadas lo eran para todo el circuito de Ramos & Ramos, como se vio más arriba. La mayoría de los números son presididos por mujeres y niñas. En octubre encontramos un predominio anglosajón en las artistas, aunque los franceses L. Verard y Mademoiselle Cecilia también tienen su hueco;[27] pero el espectáculo más publicitado y en apariencia más esperado, venida de los predios de

• • • • • • • • • • • • • •

20   Vid. *The Hong Kong Telegraph*, 21 de febrero de 1908, pág. 5.

21   Probablemente se tratara de la serie de escenas filmadas arriba referida *Passion Play* (S. Lubin, 1903), estrella de cartel en los primeros pasos del Cinematograph Pathé en Weismann's Large Hall, en Wyndham Street. En una plaza de predominio católico, y siendo el dueño del cine español, no es de extrañar esta programación de Semana Santa del Victoria. Un año después, el Alexandra proyectará *The Life and Passion of Christ* (seguramente *Vie et Passion de notre Seigneur Jésus-Christ*, de Pathé Frères, 1907) según avanzaba *The Hong Kong Telegraph* el 25 de marzo de 1909 en su quinta página.

22   *The China Mail* —14 de abril de 1908, pág. 2— lo anuncia como *The Passion Play*, «The Great Film —just fresh from Paris—» («La Gran Película —recién llegada de París»).

23   Vid. *The Hong Kong Telegraph*, 13 de abril de 1908, pág. 4.

24   Ibid. ant.

25   Concretamente, el 14 de abril de 1908, según anunciaba *The China Mail* el día anterior en su quinta plana en la nota «Hongkong Cinematograph. Nueva gerencia».

26   De hecho, los salones Weismann funcionaban, al menos en 1909, como heladería (Rosenstock, 1909: XXXII).

27   Vid. *The Hong Kong Telegraph*, el 27 de octubre de 1908, pág. 4.

Ramos en Shanghái,[28] fue la australiana, coincidentemente de Victoria, Olga Montez, en diciembre, quien, según *The Hong Kong Telegraph*, tenía que retornar una y otra vez al escenario, aclamada por el público, noche tras noche.[29]

En 1909, primero con el Alexandra Cinematograph y después con el Star Cinematograph, el abanico de pantallas crecería en la ciudad, pero no parece haberse resentido el carácter de «Premier Hall» de Hong Kong que ostenta bajo su nombre el Victoria en cada anuncio que publica. Así lo explicaban el 4 de marzo en una nota en *The Hong Kong Telegraph*,[30] precisamente junto a sendos anuncios del Victoria Cinematograph y el Alexandra Cinematograph:

> Sigue habiendo excelentes espectáculos en el Victoria Cinematograph, en Des Voeux Road, que mantienen inmaculada su gran popularidad. Los espectadores demuestran su deleite y su valoración de las espléndidas películas proyectadas en la pantalla con incansables aplausos, mientras que los célebres artistas Mr. Verard y Miss Cecilia encuentran una aceptación entusiasta. Será un placer para los numerosos parroquianos de esta popular casa de entretenimiento conocer que la dirección ha contratado, con un gasto realmente elevadísimo, a dos artistas de alto nivel, Jessie Thorne y Steve Adson, quienes sin duda gustarán a los más exigentes creando un ciclón de diversión con sus maravillosas excentricidades y sus inteligentes clogograficalidades[31] de singularidad sin parangón.

De igual modo, la publicidad del Alexandra, cine que desaparecería ese mismo verano, permite inferir la escasez inicial de público en su sala, pese a que cambiaba de películas dos veces por semana, lunes

● ● ● ● ● ● ● ● ● ● ● ● ●

28 Con un contrato que se inició en octubre de ese año.

29 «A New Artist At The Victoria Cinematograph», *The Hong Kong Telegraph*, 8 de diciembre de 1908, pág. 4.

30 «Victoria Cinematograph», 4 de marzo de 1909, pág. 4.

31 «Clogographicalities», palabra que nunca parece haber existido en el uso común del inglés. Suponemos que se tratará de un neologismo proveniente de la palabra «clog-dance», un tipo de baile asimilable al claqué que consistía en el golpeo rítmico del suelo con unos zapatos equipados con suelas de madera o, directamente, con zuecos, «clogs». «Clog» es «obstruir», «obstrucción», «atascar», en inglés. Otro tipo de derivaciones a partir de este significado también son posibles.

y jueves, y sus cintas eran supuestamente inéditas en la colonia. «El más acogedor y céntrico» de los cines de la ciudad:

> Continúa creciendo en popularidad, y merecidamente, porque las películas proyectadas son todas de interés excepcional y son muy apreciadas, y provocan auténticas carcajadas. Las películas son claras en extremo y nítidas y son del carácter más refinado. Aquellos que todavía no hayan visitado el Alexandra Cinematograph deberían hacerlo sin demora, pues se proporciona siempre una velada de entretenimiento muy grata.[32]

En febrero, el reclamo de la nota «Alexandra Cinematograph.__ The Art of Kissing.», publicada en *The Hong Kong Telegraph*,[33] por descontado con participación en la redacción de la propia empresa del cinematógrafo, probablemente de su gerente, el Sr. Frerichs, eran un magistrado, un abogado, el miembro del Consejo Legislativo de Hong Kong «y varios dignatarios más de diversa importancia», que, habiendo acudido a las funciones del cine «de principio a fin», «demostraban la excelencia y carácter de las proyecciones». El Alexandra alaba también su nuevo proyector y lo reciente de sus títulos, que incluían en febrero películas de las maniobras francesas en 1908 y la destrucción de Estambul pasto de las llamas[34], cortos humorísticos y vistas del Oriente, «con las que los extranjeros desplazados a Oriente están familiarizados».[35] A finales de marzo programaba cine religioso y películas europeas como *Imitation Craze* y *Pompei*.[36]

El Alexandra Cinematograph se vio seguramente más afectado por la apertura en marzo de 1909 del Star Cinematograph que el teatro de Ramos, ya consolidado y con una sólida reputación en el mercado del espectáculo en la región. También intentaron, al modo del Victoria, complementar las películas con espectáculos de vodevil. Tras un inten-

· · · · · · · · · · · · · · ·

32 Vid. «Alexandra Cinematograph» en The *Hong Kong Telegraph* de 29 de enero de 1909 (página 4).

33 Publicada el viernes 4 de febrero de 1909 en la página 5 y el sábado 5 de febrero en la página 5.

34 Película también de 1908 con toda probabilidad, que captaría los incendios que asolaron la ciudad en agosto de ese año. Véase Kansu (1997: 199).

35 *The Hong Kong Telegraph*, 22 de febrero de 1909, pág. 2.

36 Probablemente sean *L'Esprit d'imitation*, de la Pathé Frères, estrenada en Francia en 1909, y la película de la Pathé Frères de 1907, aunque existe también una *Pompei* italiana, de la Ambrosio (Giovanni Vitrotti, 1907).

to frustrado de traer desde Shanghái[37] a Rosa Barnes, cantante, pianista y ante todo gran silbadora que finalmente recalará en el Alexandra días después, se contrató números como el del prestidigitador Profesor Vicent,[38] que hemos visto también en Shanghái por esas fechas, a la vez que se comenzaba a añadir matinés y funciones especialmente pensadas para los niños,[39] pero el negocio no debió de ser satisfactorio, porque en julio encontramos en *The Hong Kong Telegraph* la nota de que el cinematógrafo abría de nuevo (tras un cierre que de todas maneras no duró más allá de algunas semanas, pues al comienzo de junio todavía anunciaba sus espectáculos) «for a short season», «durante una breve temporada».[40]

Vemos en el directorio *Rosenstock's Directory of China and Manila* para la segunda mitad de 1909 (*Hong Kong Directory*, pág. 92) que el Victoria Cinematograph, perteneciente a R. Ramos, estaba dirigido por J. G. Gonzales y contaba también en plantilla con el ingeniero A. Montes.

1909 es la época dorada del vodevil en el circuito de Ramos, como se refleja en la actividad del Victoria Cinematograph durante todo el año. Aunque se insiste en sus anuncios sobre la novedad de sus películas, que cambian cada dos días, con una adjetivación en la que predomina lo «sensacional», lo «realista» y lo «desopilante», y en la gran afluencia y gusto del público por estas funciones, el atractivo mayor del local sigue siendo claramente el desfile de estrellas internacionales del vodevil, ante todo anglosajonas, por su escenario. Los títulos de películas escasean en la publicidad, de manera que no nos sería posible establecer una cartelera siquiera aproximada para estos meses, pero la lista de espectáculos de todo tipo sí aparece con más detalle en la prensa, con el denominador común del engarzamiento de todos los artistas en un circuito que incluía cuando menos Shanghái y en otras ocasiones Manila y Tianjin, por lo que dejan ver los anuncios y comentarios al respecto en los rotativos de la colonia. Entre las películas mostradas durante estos meses en el Victoria de que tenemos información hay que destacar la película sobre la línea

• • • • • • • • • • • • • •

37 Donde ya estaba actuando en octubre de 1908 en el American Cinematograph de S. Herzberg (véase *The North China Daily News* de 31 de octubre de 1908, portada).

38 Vid. *The Hong Kong Telegraph*, 25 de marzo de 1909, pág. 5 y *The Hong Kong Telegraph*, 3 de marzo de 1909, pág. 5, «Alexandra Cinematograph».

39 Véase *The Hong Kong Telegraph*, 28 de abril de 1909, pág. 5.

40 *The Hong Kong Telegraph*, viernes, 16 de julio de 1909, pág. 4. El jueves 15 otra nota previa anunciaba también la reapertura, pero sin especificar plazos.

de tranvía que llevaba (y lleva) a la cumbre de la montaña bajo la que se abre el puerto en la isla de Hong Kong, rodada, lógicamente por algún cineasta local[41].

En cuanto al vodevil, el mayor triunfo fue quizás para la pareja de bailarines cómicos Steve Adson y Jessie Adson, que tuvieron que interrumpir su exitosa gira, comenzada en el Colon Cinematograph y el Alhambra de Shanghái antes de su llegada en marzo al Victoria Cinematograph de Hong Kong, donde «sólo por esta oportunidad merecería la pena la visita»,[42] por orden judicial. Según informaba *The North-China Herald and S. C. & C. Gazette* el 1 de mayo,[43] L. M. Levy,[44] quien había contratado a los Adson para que actuasen en Manila durante 12 semanas con una opción de renovación del contrato por 16 semanas más, había denunciado a la pareja y solicitado al juez la prohibición de actuar en Shanghái, Hong Kong o el resto del Oriente para los artistas hasta el 16 de octubre. Fueron contratados en Australia por su agente con un pasaje de ida y vuelta a Australia pagado. Tras dos meses en Manila, el Sr. Adson enfermó y pidió el dinero del pasaje para ir a EE. UU. El empresario accedió pero añadió la cláusula de que la pareja no podría actuar en Shanghái o Hong Kong en virtud del contrato anterior, que de hecho habilitaba a Levy para, en caso de renovación, disponer de ellos en otros puertos distintos a Manila. Sin embargo, los Adson se habían saltado la cláusula y entrado «con un gasto realmente elevadísimo» para los Ramos en su circuito de teatros en Oriente. Levy ganó la causa y los Adson hubieron de suspender la gira y pagar daños y costas.

Los sustituyeron como cabeza de cartel las Coleman Sisters, también llegadas del Colon Cinematograph de Shanghái y el cantante de ópera Signor Torras, que continuaría el circuito con actuaciones en Tianjin.[45] Una buena descripción del circuito, o de un posible circuito,

• • • • • • • • • • • • • •

41 Que pudiera plausiblemente ser Amerigo Enrico Lauro, quien no mucho después ofreció varias tomas de la ciudad en el Victoria y rodó acontecimientos sociales de importancia en Hong Kong para los Ramos. Benjamin Brodsky incluye numerosas imágenes de esta obra de ingeniería civil también en los primeros minutos de su *A Trip through China*, y al parecer ya en 1903 T. J. Stevenson había exhibido tomas del tranvía a la cumbre en las funciones de cinematógrafo que ofreció en la ciudad (Kar y Bren, 2004: 23). La proyección de la cinta sobre el tranvía, que se califica como «extremadamente buena», se comenta en *The Hong Kong Telegraph*, 10 de marzo de 1909, pág. 5.

42 *The Hong Kong Telegraph*, 10 de marzo de 1909, pág. 5.

43 «L. M. Levy vs. Steve Adson y la Sra. Jessie Adson», *The North-China Herald and S.C. & C. Gazette*, 1 de mayo de 1909, pág. 289.

44 ¿León Michael Levy, hermano de Bernard Goldenberg Levy, socio de Antonio Ramos en Shanghái?

45 Vid. *The Hong Kong Telegraph*, 18 de mayo de 1909, página 4.

de los Ramos en 1910 es la que ofrece *The Sydney Morning Herald* con motivo de la muerte de la artista Miss Dolly Keldie en junio de ese año en Shanghái:[46]

> Lamentamos informar de la muerte ayer por la mañana, tras una breve enfermedad, de Miss Dolly Keldie. Se recordará, no cabe duda, que Miss Dolly Keldie actuó en Shanghái durante un tiempo como cantante y bailarina, tras su llegada hace unos meses desde Australia bajo contrato con los Sres. Ramos y Ramos. Miss Keldie, tras una temporada exitosa en el Colon Cinematograph fue a Hongkong, y una vez terminado allí su trabajo volvió a Shanghái, donde apareció en la Pista de Patinaje Victoria, en Chapoo Road, en la que su Patinaje Sofisticado produjo gran admiración. Fue entonces cuando regresó al mundo del vodevil en el Victoria Hall, donde estuvo actuando hasta la fecha de su repentina enfermedad, hará diez días.

Fue enterrada el 17 de junio de 1910 en Shanghái, con gran afluencia de australianos a las pompas fúnebres. Es interesante comprobar cómo con la apertura del Victoria en Shanghái se multiplicaban los escenarios en el circuito, combinando las distintas ciudades para no saturar a un artista ante el público de un mismo puerto, y muy interesante la inclusión de la pista de patinaje adyacente al Colón como espacio alternativo al que también se sumaban los artistas. Subsidiariamente sirve este ejemplo, añadido a la desventura de los Adson, para ilustrar la insalubridad que reinaba en estos momentos en aquellos destinos, donde incluso los jóvenes visitantes eventuales acababan sucumbiendo con notable frecuencia a la enfermedad.

Por lo común el Victoria añade a sus anuncios notas en la prensa siempre halagadoras y algo más informativas que su publicidad, que más allá de adjetivar las nuevas cintas e informar de los horarios y de las sesiones especiales (las matinés de sábados y domingos, por ejemplo) no suele especificar la cartelera programada. Toda la segunda mitad de 1909 suele añadirse el «Premier Hall of Hong Kong» al nombre del cinematógrafo, en un doble mensaje que recuerda su carácter pionero y proclama su primacía frente a sus competidores.

• • • • • • • • • • • • • •

46 Vid. *The Sydney Morning Herald*, sábado 16 de julio de 1910, página 19. La nota está extraída de un artículo previo del shanghainita *The North China Daily News*.

En enero de 1910 se añadía a estos el Salon-Cinema Theatre, escenario teatral y cinematógrafo situado en Wyndham Street, frente a la oficina central de la policía, que se publicitaba como «el único espectáculo de primera categoría de la colonia».[47]

También en enero el Victoria se decía «The Popular Hall of the Colony» («el auditorio popular de la colonia»). El título de «Premier Hall of the Colony» no tardaría en pasar al Empire Cinematograph Theatre. En 1911 se anunciaría como «The Pioneer Hall of the Colony», el cine pionero de la colonia, reivindicando a ese Victoria primigenio.[48]

El Empire Cinematograph Theatre fue inaugurado el 4 de abril de 1910 como una continuación del Victoria Cinematograph, como especificaba el anuncio en la portada del diario *The China Mail* ese mismo día.

El nuevo teatro se erigió en la misma calle del Victoria,[49] pero ya no en la esquina con Pottinger St., sino frente al Mercado Central, algo más al oeste. Curiosamente, el Informe Administrativo de Hong Kong para el año 1910[50] recoge en su apéndice P (página 14), en el apartado trigésimo sexto, «Principales Obras de Sociedades Privadas», entre las obras comenzadas durante el año, tanto al Teatro Cinematográfico «Victoria», en el lote P. R. M. L. (Praya Reclamation to Municipal Lot)[51] n.º 14, en Des Voeux Road Central, como al Teatro Cinematográfico «Empire», en el lote I. L. (lote tierra adentro, Inland Lot) n.º 1869, en Des Voeux Road Central. Además, en la página 15, entre las obras concluidas ese año se menciona de nuevo «el nuevo Empire Cinematograph Theatre en Des Voeux Road Central, en el Lote Interior 1869», que fue «completado en mayo y abierto para representaciones públicas». Se añadía también que se estaba intentando que los lugares de entretenimiento público cumplieran con la normativa vigente.

• • • • • • • • • • • • • • •

47 Vid. *The Hong Kong Telegraph*, 10 de enero de 1910, pág. 5. Kar y Bren (2004: 306) localizan la inauguración de este local en las primeras semanas de diciembre de 1909.

48 Véase *The China Mail* de 28 de enero de 1911, página 8.

49 Que de esta manera, y más aun con la apertura de la sala de patinaje, adquiría un innegable componente español, refrendado con la presencia del Consulado de España en el número 24 de Des Voeux Road, como recoge la guía *Rosenstock* para 1909 en su sección de Hong Kong. Ignoramos el número en el que se ubicaban ese año los locales de Ramos.

50 Hong Kong Administrative Report for the Year 1910.

51 *Praya*, del portugués *praia*, era un término usado en Hong Kong para referirse al terreno adyacente al mar, que, en la isla de Hong Kong, fue poco a poco robado al agua por nuevos propietarios que de este modo no tenían que pagar al Gobierno los correspondientes impuestos. Praya Central pasaría a denominarse Des Voeux Central y los lotes de tierra más cercanos al mar, en el lado norte de la calle, se registrarían de esta manera, como P. R. M. L.

No sabemos si el Cinematógrafo Empire abriría sus puertas sin estar acabada su construcción o si las fechas del informe son erróneas, pero las pruebas de su apertura en abril son abundantes. El teatro venía a sustituir al Victoria en una nueva sede, como dejaba claro el anuncio arriba expuesto, y, de tal manera, también adoptaba a los elencos y continuaría proyectando las cintas programadas en el Victoria, que ahora cerraría. «El Popular Victoria Cinematograph ha sido trasladado a la dirección que se apunta arriba mientras se levanta un nuevo edificio», especifican los primeros anuncios del nuevo Empire, publicados a partir del día 2 de abril de 1910 en *The China Mail*. De un día para otro la publicidad sustituyó el Victoria por el nuevo Empire Cinematograph Theatre, que había abierto a pocos metros del popular teatro con el mismo cartel. El anuncio del Empire se venía publicando en el diario desde el día 2 de abril (pág. 6) y siguió en prensa por lo menos hasta el día 5.

El Informe Administrativo de Hong Kong para el año 1911 da fe en el Anexo P (pág. 15), bajo el apartado «Works Completed», «Obras Terminadas», de que en 1911 se completó la obra del Teatro (Theatre, ya no Cinematograph) Victoria, sito en el Lote Municipal n.º 14, en Des Voeux Road Central. En la página duodécima del informe, en el ítem trigésimo séptimo, concerniente a la «Ordenanza de Regulación de Teatros y Espectáculos Públicos», se da cuenta de que se expidió licencia para este tipo de espectáculos a 12 edificios durante el año registrado,[52] entre ellos, el nuevo «Victoria Cinematograph Theatre» en Des Voeux Road, en el P. R. M. L. 14, completado en agosto y abierto al público.

El Empire se encontraba frente al Mercado Central de Hong Kong, en Des Voeux Road, en un solar con tradición cinematográfica, pues en el verano de 1907 fue sede de un espectáculo de cinematógrafo regentado por un ciudadano francés llamado F. Flament, según vemos en «French Cinematograph Show», en el periódico *The Hong Kong Telegraph*, que da cuenta de un juicio en el que las partes son un culí vietnamita encargado de las proyecciones en junio y julio de 1907 y el gerente del local.[53] El ya comentado Hongkong Cinematograph también se encontraba frente al Mercado Central, en Des Voeux Road, de manera que el Empire debió de ocupar ese mismo local, rebautizándolo. De hecho, como relata Lai (2006: 236), un teatro llamado también Empire, el Empire Theatre,

....

52 Con un ingreso de 1300$ en tasas pagadas por la expedición de licencias.

53 Vid. «French Cinematograph Show», *The Hong Kong Telegraph*, 17 de agosto de 1907, página 269.

había ocupado el solar del que más tarde sería Empire Cinematograph Theatre desde 1890.

El cambio de nombre y el desplazamiento le sentó muy bien al cinematógrafo de los Ramos. El 8 de abril *The China Mail* afirmaba que el nuevo Empire tenía mucha más afluencia de público que el antiguo Victoria, con llenos diarios y un público entusiasta.[54] Curioso, tratándose de los mismos espectáculos que había ofrecido su hermano mayor de Pottinger Street.

Como sucedía con su predecesor, el Empire centra si no su éxito sí sus anuncios en los números y artistas contratados antes que en lo cinematográfico, cuyo protagonismo queda por lo general relegado en la publicidad cuando menos (incluyendo en esta supuestas notas informativas en forma de panegírico al teatro y sus funciones, muy comunes en la época), tal vez por la poca competencia que el local tiene en ese campo en estos meses. El 4 de junio se anuncia la «Magnífica Película» *Procesión en memoria del Rey Edward en Shanghái*,[55] en honor del rey inglés, recientemente fallecido, junto a la promesa de proyectar una o dos semanas después las imágenes de los funerales celebrados en Londres.[56] Cumplirían la promesa, para a continuación pasar la película al Salon-Cinema Theatre, que de esta manera reproducía el circuito de Shanghái subsidiario de las pantallas de Ramos. Un mes más tarde, el 15 de julio, *The China Mail* da cuenta de la matiné especial celebrada en el Empire Cinematograph para los niños de la escuela Belilios en la que los infantes disfrutaron de lo lindo con la película del difunto rey,[57] jornada que la escuela completó llevando a los alumnos al circo para contemplar un combate de boxeo,[58] lo que da una idea aproximada de la distinta consideración que entonces se tenía por los menores más privilegiados. Una de las grandes atracciones de la temporada en el Empire fue la pequeñísima (6 años) Little Miss Lewis, «de movimientos graciosos y encantadores».[59]

El Salon-Cinema Theatre disfrutó de una existencia breve. El 16 de noviembre de 1910 se inauguraba en su local, en Wynham (Flower)

• • • • • • • • • • • • • • •

54 «Empire Cinematograph Theatre», *The China Mail*, 8 de abril de 1910, pág. 4.

55 *King Edward's memorial service procession in Shanghai.*

56 *The China Mail*, 4 de junio de 1910, pág. 6.

57 «Empire Cinematograph». *China Mail*, 15 de Julio de 1910, pág. 5.

58 *The China Mail*. 17 de julio de 1910, pág. 5.

59 «Empire Cinematograph Theatre», *The China Mail*, 19 de mayo de 1910, pág. 4.

Street, un nuevo cinematógrafo y vodevil que se vendría en llamar Bijou Scenic Theatre.

El Bijou estaba dirigido por Robert H. Stephenson,[60] anterior gerente de la Warwick Major Comedy Company, en la tradición de muchos artistas del momento de hacerse con su propio escenario, quien incluso interpretó un número cómico en esta noche de estreno.

The Hong Kong Telegraph titulaba el 17 de noviembre de 1910 «Exitosa Noche de Estreno» su artículo relatando la inauguración del teatro[61], «un lugar moderno para relajarse después de la cena, con una agenda excelente y todo dispuesto para un entretenimiento brillante y refrescante». El periódico elogiaba al gerente y auguraba un buen futuro en distintos opúsculos durante la semana de su estreno a esta nueva pantalla,[62] que acabará siendo un buen complemento al cine de Ramos, como ocurriría en Shanghái con el Apollo de Hertzberg, con quien Stephenson también habrá de mantener relación, pues vemos que sus programas dependen tanto de cines de Ramos como de artistas provenientes del American Cinematograph, cinematógrafo shanghainita de Hertzberg; por ejemplo, Vera Ferrace, una de las primeras estrellas del Scenic Theatre.[63] En ese momento, la prensa local anglosajona sólo da cuenta del Bijou, el Empire, el Theatre Royal City Hall y el Harmston's Gran Circus, en Causeway Bay, como centros de ocio en Hong Kong, amén de algún salón de patinaje ocasional.

El circo compartía con los teatros de Stephenson y Ramos ciertos números acrobáticos, e incluso alguna vez de animales, que recalaban ocasionalmente en los programas vodevilescos. El Theatre Royal City Hall, municipal junto a obras de teatro también contrataba en ocasiones a artistas perfectamente homologables a los que triunfaban (o fracasaban) en el Empire o el Bijou. En el otoño de 1910 ocupaba su escenario con gran éxito el mago e ilusionista Nicola, quien se hizo muy conocido en la

• • • • • • • • • • • • • •

60   Quien firma los anuncios como «Arrendatario y gerente». Era conocido también como artista como Bob Stephenson (vid. e.g. *The Hong Kong Telegraph*, 30 de noviembre de 1910, pág. 4).

61   En la página 4. El 19 de noviembre también reproducía la misma nota en la página 2.

62   Con la inteligencia de Stephenson y la pléyade de artistas contratados, con las nuevas e interesante cintas adquiridas, se hallaban ante «una galaxia de talento que satisfará hasta al más gruñón y acallará sus lamentos acerca de la falta de diversiones en la Colonia», según señalaba el diario del 1 al 3 de diciembre.

63   Y después, del Apollo Theatre. Ferrace estaba ya actuando el 1 de diciembre en el Bijou, aunque los anuncios yerren al trascribir su apellido (escriben «Farras» en un inicio y «Farrace» después), la primera visita de la afamada artista de Shanghái a la colonia, como se encarga de promocionar una y otra vez la prensa. Volverá más veces. En 1913 la vemos tanto en el Bijou como en el Apollo de Shanghái.

ciudad por un juicio en el que fue multado por atacar a un ascensorista del Hotel Mansions. La anécdota se hizo popular porque el ascensorista, en venganza por los golpes del mago, ilustre escapista, lo dejó atrapado entre dos pisos sin que el ilusionista encontrara la manera de deshacerse de esta prisión hasta que fue rescatado por personal del hotel, según narraba Mark en «A letter from the Far East» el 25 de octubre de 1910.[64]

El neoyorquino *The New York Clipper* informaba el día 3 de diciembre de 1910 de que el viejo Belleview Hotel de Hong Kong había pasado a ser una pista de patinaje;[65] tenemos también conocimiento de que The International Skating Rink, Limited, empresa que debe de haber poseído al menos otra pista en la ciudad, desapareció en 1913 del registro de sociedades;[66] y sabemos que Ramos & Ramos, como hicieran antes en Shanghái y poco después en Macao, abrieron en la colonia británica una pista de patinaje que denominarían con su marca más habitual en el sur, Victoria, como se aprecia en la primera mención al local que hemos encontrado en la prensa de la ciudad, en la cuarta página de *The Hong Kong Telegraph* el 9 de diciembre de 1910, que da cuenta de un accidente de patinaje por el que un usuario se dislocó la cadera en el Victoria Skating Rink.

La propiedad de los Ramos, que se reiterará en el capítulo dedicado a Macao, pues la apertura de su salón de patinaje en dicha plaza aparecía en la prensa vinculada a la previa en Hong Kong y ambas formaban parte de la gira de artistas patinadores, queda clara en la nota del neoyorquino *Schenectady Gazette* de 13 de enero de 1911 «Far Eastern News», que informaba de que «En Hong Kong Ramos & Ramos (una empresa cinematográfica) abrió en noviembre una pista de patinaje»; por lo demás, especifica las dimensiones de la pista y el mes de apertura (noviembre de 1910). «El edificio —concluye el diario americano— mide 160 x 64 pies», esto es 48'8 x 19'5 metros, cerca de mil metros cuadrados de planta. Frente a las tres sesiones diarias del salón de Macao, el Victoria Skating Rink ofrecía en marzo de 1911 cinco sesiones. Sabemos por un

· · · · · · · · · · · · · · ·

64 *The New York Clipper*, 3 de diciembre de 1910, pág. 1044.

65 «A letter from the Far East», fechado en Shanghái el 25 de octubre y firmado por Mark, en *The New York Clipper*, 3 de diciembre de 1910, pág. 1044. En realidad vemos que, al menos en 1912 (vid. *The Hong Kong Telegraph* de 29 de noviembre de 1912, pág. 2) el Belle View seguía abierto y contaba con una pista de patinaje al aire libre dirigida por W. Gallagher.

66 La única empresa dedicada expresamente a estos menesteres que hemos podido localizar en tal registro. Fue eliminada de los libros el día 19 de julio de 1913, según informa *The Hongkong Government Gazette*, el 25 de julio de 1913, n.º 230, en la pág. 314.

anuncio del día 31 de ese mes[67] que los precios se reducirían desde el primero de abril hasta final de temporada y, lo que es más importante, que la pista se encontraba frente al Mercado Central en Des Voeux Road Central, como el Empire Cinematograph.

¿Dónde estaba, entonces, la pista de patinaje? ¿En el solar del Empire? ¿Junto al cine? Como se verá más adelante en un mapa elaborado al efecto, la distancia que separaba al Empire Cinematograph del antiguo cinematógrafo Victoria era suficiente como para albergar un edificio de las dimensiones del Victoria Skating Rink. En efecto, dos meses más adelante encontramos en el diario *The Hong Kong Telegraph*[68] (pág. 2) un anuncio que claramente especifica que la pista de patinaje se encontraba una puerta más allá del Empire Cinematograph Theatre. A un tiempo, nos recuerda la inminente apertura del nuevo teatro Victoria, que aquí llama «The Palace Hall» (nombre que nunca se utilizaría), que se ubicaría a su vez justo al este del Victoria Skating Rink, conformando una manzana española del ocio, y la distracción, el reclamo de la pista de patinaje. «El lugar donde olvidas tus problemas», decía un anuncio en octubre de 1911, escrito en un inglés muy español que quería transmitir que «quien conoce el mejor modo de pasar un buen rato va al Salón de Patinaje Victoria».[69] La nota también nos informa de que existían los boletos mensuales para el patinaje, que se tenían que solicitar en el Teatro Victoria. Había abierto ya, por consiguiente, el gran teatro de los Ramos en Hong Kong y se mantenía abierto y gozaba de publicidad en la prensa el salón de patinaje un año después de su apertura.

El diario shanghainés *The North-China Herald*, analizando unos días antes, el 30 de septiembre de 1911,[70] «El Cinematógrafo en China» observaba que «el negocio cinematográfico en Hong Kong y la costa meridional de China está en gran medida en manos de portugueses, antiguos residentes de Macao, que también tienen prácticamente total control del negocio de pistas de patinaje y casi todas las empresas similares». Tan poco informado comentario, al menos en lo que respecta a la

• • • • • • • • • • • • • • •

67 En *The China Mail*, en la página 7.

68 El 26 de mayo de 1911, en la página 2.

69 Vid. *The China Mail*, 20 de octubre de 1911, pág. 1. Hasta tal punto se puso de moda el patinaje en la ciudad que *The Hong Kong Telegraph* anunciaba a buen tamaño esa primavera, por ejemplo el 25 de mayo de 1911 en la página 3, los recién llegados patines Brampton Aluminium, para damas y caballeros, junto a una guía de patinaje efectuada por G. Prien, que podía conseguirse en el Hongkong Hotel.

70 En la página 852.

nacionalidad de los monopolizadores, provenía del informe que sobre el cine en Oriente había realizado el cónsul general de los Estados Unidos de América en Hong Kong, George E. Anderson. Anderson, sin poder sostener la opinión con datos, pues las aduanas chinas no especificaban el valor de las importaciones de películas en China y en Hong Kong no existía informe aduanero alguno, estima que el negocio era bueno y estaba creciendo tanto en la colonia como en China en general. Cuenta media docena de establecimientos cinematográficos en Hong Kong, integrados en una tendencia creciente y lucrativa de negocios dedicados al entretenimiento, cada vez más dirigidos a un cliente chino, con precios más bajos y, consiguientemente, un público objetivo más amplio.

Añade el cónsul que los portugueses que controlaban el negocio distribuían preferentemente películas francesas, aunque también las inglesas eran comunes porque al fin y al cabo era un territorio británico y debía haber alguna pieza británica, y que las películas estadounidenses que se exhibían provenían mayoritariamente de casas europeas de distribución. La prioridad de los productos europeos sería más una cuestión de conveniencia que de preferencia, puesto que las empresas norteamericanas apenas habían acudido a esta zona del mundo. Por último, y ya refiriéndose al continente, Anderson consideraba que el interior de China podría significar en un futuro inmediato una gran oportunidad en este ámbito de negocio, pero que previamente habría de realizarse una gran campaña educativa y de destinarse al proyecto un capital considerable.

Cuatro años después, el entonces vicecónsul general en Hong Kong, A. E. Carleton, publicaba en *The Moving Picture World* su análisis «Moving Picture Shows in the Far East», centrado en realidad en China y con muchos datos y opiniones específicamente sobre Hong Kong.[71] Carleton consideraba que el desarrollo del negocio del cine en China estaba siendo lento y los promotores no estaban encontrando por el momento buenas remuneraciones, aunque se mostraban optimistas ante el futuro no muy lejano. Coincidía con Anderson en afirmar que se precisaría una ingente inversión en educación para que el cine pudiera tener en China un éxito similar al que disfrutaba en otros lugares, puesto que los chinos que vivían lejos de los puertos con Concesiones internacionales apenas habían oído hablar de este espectáculo. Una vez vencido este inmenso obstáculo, razonaba Carleton, las expectativas eran lógica-

· · · · · · · · · · · · · ·

71 «Moving Picture Shows in the Far East», *The Moving Picture World*, octubre - diciembre de 1914, pp.79-80.

mente asombrosas y las posibilidades, sin límite. El vicecónsul americano estimaba en menos de 50 los cines de China y Macao, en comparación con los más de 75 operativos en Filipinas, donde, añadía, el límite distaba mucho de haberse alcanzado. No sabemos si englobaba en el conjunto de China a Hong Kong, pero en todo caso las cifras de la colonia no desvirtuarían demasiado la cuenta total, pues cuenta solamente cinco pantallas permanentes en Hong Kong y Kowloon, aunque augura un gran crecimiento en años consecuentes, dada la enorme población de la plaza.

A continuación Carleton centra su análisis precisamente en Hong Kong, los obstáculos para el desarrollo de lo cinematográfico en la colonia, las preferencias del público y los costes.

Según el estadounidense, uno de los mayores problemas era el coste de las entradas, entre 35 y 75 centavos oro en los teatros europeos y la mitad en los chinos,[72] inaccesible para el chino medio y tampoco del agrado de los europeos, que constituirían en consecuencia un pequeño porcentaje de la taquilla. Mencionaba un intento, fracasado, de ofrecer espectáculos a precios populares y sugería que, ahora que los chinos habían aprendido mejor y apreciado más las películas, podrían hacerse nuevos intentos similares con mayores perspectivas de éxito.

Por encima de los precios, el mayor obstáculo, para el vicecónsul, para la expansión del cine en Hong Kong era la actitud de los chinos hacia él, fruto de la desidia y la superstición. Los chinos no parecían tener ningún interés en trabajar en ninguna de las facetas de la producción de películas ni en mostrar su país en celuloide.

El resto del artículo de Carleton es si cabe más interesante todavía para lo que nos ocupa porque retrata con detalle varios aspectos poco conocidos de la práctica de los empresarios cinematográficos en la ciudad.

En primer lugar, estima que más del 40 % de las películas exhibidas en Hong Kong y otros puertos chinos eran de segunda mano, un 25 % de ellas, norteamericanas. Según considera, este reducido porcentaje se debía a que los estadounidenses no proporcionaban al público chino lo que este buscaba. La mayoría de las cintas eran importadas de Europa,

· · · · · · · · · · · · · ·

72 Encontramos otra versión contemporánea sobre los precios en los cines de Hong Kong en la entrevista que Hugh Hoffman realizó para *The Moving Picture World* a R. F. Van Velzer, publicada el 25 de julio de 1914 en el artículo «Film Conditions in China» (pág. 577). Van Velzer afirma que en Hong Kong existían dos tipos de público o de proyecciones: por un lado, las películas para los europeos, que se pasaban por la tarde a un precio que oscilaba entre el medio dólar y el dólar y medio (nótese que no habla de dólares oro sino de la moneda de los puertos, probablemente el peso mejicano); y por otro, las películas para los nativos, el mismo programa, que se proyectaba más tarde, a un precio por boleto que iba de los cinco a los diez centavos.

donde habían completado sus circuitos y algunas tenían ya varios años de uso cuando llegaban a Oriente.

El precio por una película americana era por lo común de 5 dólares oro, muy por debajo de los 7 centavos oro por pie que costaba importarlas de EE. UU. —un largometraje de dos o tres mil pies como los que solía anunciar Ramos un día cualquiera costaría así 40 veces más que en el mercado habitual de Hong Kong— y las películas nuevas se solían comprar a 6 dólares oro. De esta manera, la oferta de películas en la colonia no tenía gran calidad, aunque no por ello se resentía el mercado local, ya que, como han mencionado muchos otros comentaristas del momento sobre el cine en China,[73] el público prefería los cortometrajes dinámicos, cómicos o de guerra a los incomprensibles dramas occidentales. Subraya no obstante el diplomático estadounidense que el público de Hong Kong estaba más educado que el de otros puertos chinos en el disfrute de las películas.

Las sesiones en los cines occidentales solían ser dos de dos horas cada una, pese a la dificultad de los empresarios para hacerse con programas de tal duración, y ello sucedía por las especiales características de la ciudad, donde las distancias eran mayores de lo que parecía posible en lugar tan pequeño, debido a las grandes deficiencias en el transporte, de manera que el público no se molestaba en acudir al teatro para un espectáculo breve —que podría ser más rentable para el empresario—.

Otro aspecto destacado en el artículo de Carleton es el obstáculo del idioma. Dada la ausencia de cadenas de teatros y la escasez de pantallas, la necesaria traducción al chino de las películas se hacía muy costosa, lo cual iba también en detrimento de su popularidad, y los dos teatros bajo gerencia europea ofrecían los intertítulos en inglés. Solían proyectar un largometraje acompañado de cortos en cada sesión. Uno de estos teatros, señalaba Carleton, «tiene una especie de espectáculo de variedades también, aunque las películas son el plato principal».

Sin duda se estaba refiriendo al nuevo Victoria de Ramos & Ramos. El neoyorquino *The New York Clipper* publicaba la siguiente información en su «Far Eastern Letter» fechada el 8 de noviembre de 1910 (pág. 1092): «Ramos & Ramos, quienes controlan el Victoria Theatre y el Victoria Rink en Shanghái, así como el Empire Theatre en Hongkong,

· · · · · · · · · · · · · ·

73 Por ejemplo, el mismo Van Velzer hablaba de que los chinos no entendían los dramas sociales pero les encantaban las películas de vaqueros y las comedias circenses (ibid. nota anterior).

están construyendo otro teatro en este último destino. Estará dedicado al vodevil y las películas».

En efecto, tras nueve meses de obras, el nuevo Victoria abriría sus puertas en mayo de 1911, como hemos visto al hablar de la pista de patinaje del mismo nombre. No se denominaría Palace Hall, como parecía indicar el anuncio publicado desde el 19 de mayo en *The Hong Kong Telegraph* que anunciaba su apertura inminente.

El 22 de mayo de 1911 aún se anuncian novedades en el Empire, la *troupe* Ching Ling Foo, The Collier Sisters y el tenor Laynez, al tiempo que se reivindica su calidad de local pionero de la colonia, como vemos en un anuncio aparecido ese día en la sexta página del diario *The China Mail*.

Al día siguiente, el 23 de mayo,[74] el periódico incluye un anuncio donde ya se avanza la inminente inauguración, tres días después, del nuevo teatro Victoria. Idéntico anuncio se publicará hasta el jueves día 25, pero la despedida de Falanto y Salvati el miércoles, con matiné a las cuatro y media de la tarde incluida, cuando sólo un día antes se había anunciado que esta tendría lugar el domingo siguiente, hace pensar que el Empire cerraría ese día 24 de mayo. No volvemos a ver publicidad del cine después del día 29[75] y los espectáculos que anunciaba como próximos servirán en cambio para inaugurar el nuevo Teatro Victoria, de manera que la suposición es del todo razonable. De hecho, podemos observar cómo el Victoria heredó también los espectáculos del momento en el Empire, la soprano Miss Bascans, a la que incluyó en sus primeros programas. La llegada de la *troupe* Ching Ling Foo se hizo esperar unos días debido a los grandes costes que supuso su contratación, que obligaron a aumentar ligeramente el precio de las entradas a la gerencia del nuevo local.[76] Para la inauguración se preveía la actuación del tenor L. Laynez, proveniente de Manila, en un «Programa Colosal», como avanzaban los anuncios publicados en *The China Mail* el 25 y el 26 de mayo de 1911.

Los detalles de la noche de estreno del nuevo Victoria y del propio teatro se dan a conocer ese mismo 25 de mayo, la víspera del evento, en la página séptima de *The China Mail* en la nota «HONGKONG'S NEW

• • • • • • • • • • • • • •

74 *The China Mail*, 23 de mayo de 1911, pág. 6.

75 En *The Hong Kong Telegraph*.

76 Véase el anuncio publicado el 29 de mayo de 1911 en la sexta página del periódico *The China Mail*.

59

THEATRE. —A Magnificent Building—.» («NUEVO TEATRO EN HONG KONG. —Un Edificio Magnífico—.») que traducimos a continuación:

El nuevo Victoria Theatre está terminado y se inaugurará el viernes por la noche. El edificio está primorosamente equipado y representa una decidida mejora en este tipo de edificios en la Colonia, incluso comparado con el Theatre Royal. En la planta baja se ha dispuesto un foso para la orquesta y palcos de orquesta y la platea es ciertamente muy espaciosa. Cuarenta y dos ventiladores mantendrán el lugar refrigerado incluso durante los días más calurosos y una de las mayores ventajas es el hecho de que el espectador tendrá una vista completa del escenario en todas y cada una de las partes del teatro. Las primeras filas de la platea son numeradas y reservadas, al igual que los palcos de orquesta.

Por lo demás, hay cuatro palcos con capacidad para seis personas sentadas 'cómodamente'. El edificio se ilumina con electricidad, con una potencia de no menos de 11.000 bujías en total. La sala de máquinas del aparato cinematográfico está aislada del público por completo mediante un grueso muro de cemento y, puesto que se ha reducido al mínimo la cantidad de madera, no hay absolutamente ningún peligro de incendio en el edificio. No obstante, en caso de necesidad, existe un completo equipamiento de extintores patentados siempre al alcance, distribuidos por todos los sectores del teatro, de manera que el riesgo de pánico causado por el fuego es absolutamente nulo.

Hay más de 800 asientos y también un salón bellamente decorado con palmas y demás, convenientemente dispuesto para la comodidad y disfrute del respetable.

El teatro está verdaderamente a la altura de la Colonia y los Sres. Ramos y Ramos merecen una felicitación por su empeño de proporcionar un cine moderno y actual para el público de Hong Kong.

Los arquitectos son los Sres. Palmer y Turner y debemos atribuir una parte nada pequeña del éxito de esta empresa al Sr. J. Gonzales do Bernodo, el dinámico y popular gerente, que fue materialmente responsable del desarrollo del proyecto.

Para la inauguración se va a presentar un programa excelente de grandes dimensiones. Todas las películas serán novedades y el Sr. L. Laynez, de la Manila Italian Opera Co., hará su debut. Las Hermanas Collier, que anteriormente han actuado en Shanghái con grandes llenos, llegarán muy pronto y debutarán en el Victoria Theatre.

La información se complementa con la nota que *The Hong Kong Telegraph* lleva en portada el mismo jueves 25 de mayo, titulada «Victoria Theatre. —New Place of Amusement Opens To-Morrow—» («Victoria Theatre. —Nuevo Centro de Ocio Abre Mañana—»):

El Nuevo Victoria Theatre construido por los Sres. Ramos y Ramos, del Empire Cinematograph, abre mañana a las 9 en punto de la tarde. El teatro, que ha tardado nueve meses en acabarse, es el mejor de su especie en Hong Kong. Ha sido construido con estricto cumplimiento de la nueva regulación de Obras Públicas y es prácticamente ignífugo. Los arquitectos, los Sres. Palmer y Turner,[77] han logrado aunar utilidad y un diseño agradable, y, además, proporcionan más asientos incluso que el Theatre Royal. El cemento y el hierro, suministrados por las empresas Whampoo y Kowloon Dock, abundan en toda la estructura. A la derecha de la escalera principal se encuentran las salas de recepción y los roperos, decorados con mimo, e iluminados por lámparas eléctricas de 2000 bujías. La platea se compone de cincuenta asientos reservados y cien sin reserva, con dos palcos para seis personas cada uno. La platea, foso y palcos acomodan a 510 personas, treinta de ellas en asientos reservados. En la planta baja hay también dos palcos. La bóveda del teatro está iluminada por una lámpara de 80.400 bujías, mientras que la ventilación está asegurada por cuarenta y dos ventiladores y siete conductos de aire. El edificio tiene unas dimensiones de 100 x 190 pies (33 x 60 metros) y cuenta con un total de 700 butacas. Pronto ocupará la fachada principal un reloj encargado en París. La inauguración tendrá lugar mañana por la noche, con un buen programa.

Los relojes no dejaban de ser símbolos urbanos de la misma modernidad que el nuevo Victoria venía a representar en una colonia de creciente prosperidad donde la población occidental era una pequeña minoría dominante. Las notas sobre la inauguración del Victoria Theatre no dan indicios sobre la suerte corrida por el «Teatro Pionero de la Colonia». Pese a que todo parezca indicar un cierre, siquiera temporal, como afirmábamos más arriba, la mención a Ramos & Ramos en relación al Empire en la reseña en *The Hong Kong Telegraph* sobre la apertura del

• • • • • • • • • • • • • •

77 Importante firma, también muy presente en Shanghái. La empresa de Palmer y Turner aparece ya en 1897 en Hong Kong como uno de los pocos «exchange suscribers», participantes en bolsa, según comprobamos en *The China Mail* de 28 de abril (pág. 6).

Victoria hablaría en todo caso en contra de esta posibilidad al no haber aprovechado esas líneas para informar de la suerte del exitoso teatro.

En la página 1097 del directorio *The Directory and Chronicle for China, Japan, Corea, Indo-China, Straits Settlements, Malay States, Siam, Netherlands India, Borneo, the Philippines, and etc. 1917*, de 1917, encontramos el siguiente anuncio, que desaparecerá en las versiones de la guía de 1920 y 1922 también consultadas:

«VICTORIA & EMPIRE CINEMATOGRAPHS – Pottinger Street and Des Voeux Road Central;   Tel. Ad: Ramos

R. Ramos & Co., building proprietors

J. J. Blake, manager»

De igual manera, en la página 1101 especifica que los teatros cinematográficos de Hong Kong eran el Bijou Theatre, el Empire Cinematograph y el Victoria Theatre. Está claro que, cuando menos al acabar el año 1916, tanto el Empire como el Victoria permanecían abiertos y pertenecían a los Ramos.

Además, sabemos que en 1918 el Empire fue multado por incumplir la legislación contra incendios, aunque ciertamente no parece seguir vinculado a Ramos & Ramos, de tratarse del mismo teatro fundado por los españoles, como veremos más adelante. La protección contra el fuego es una de las virtudes del nuevo Victoria, como se aprecia en las notas que informan de su inauguración, que también nos proporcionan una detallada descripción del teatro y algunos datos de gran interés, como la identidad de su gerente y responsable del proyecto, el portugués, atendiendo a los ecos de sus apellidos, probablemente macaense, J. Gonzales do Bernodo. Vemos, y comprobamos también en el capítulo dedicado a Macao, que Ramón Ramos no parece haberse ocupado de su rama del negocio con la misma proximidad que Antonio tendría con sus teatros en Shanghái, sino delegando en otros administradores.[78] No falta, no obstante, tal vez casualmente y quizás por mano de los españoles en la inauguración de su teatro señero en el sur, la presencia protago-

....

78 Nótese sin embargo que otras fuentes sí atribuyen la gerencia del Victoria Theatre poco después de su inauguración, en enero de 1912, a Ramón Ramos. El neoyorquino *The New York Clipper* afirmaba el 17 de febrero de 1912 (pág. 20), en «Notes from the Far East», fechado el 7 de enero en Shanghái, que «Ramos, director del Victoria de Hongkong, visitó Shanghái la semana pasada».

nista de un artista filipino en la sesión de apertura del Victoria. Comprobamos en la nota «Opening of the Victoria Theatre» (*The China Mail*, 27
de mayo de 1911, pág. 7) que Laynez ofreció en el debut del teatro una
selección de piezas operísticas italianas. También confirmamos a través
de ella que la Srta. Bascans cantó igualmente en la velada, que disfrutó
de una nutrida asistencia de un público admirado con el nuevo edificio.
Al día siguiente actuaría por fin la *troupe* de Ching Ling Foo.

Comprobamos en anuncio de 30 de mayo de 1911[79] cómo el Victoria pronto reivindicó esa majestuosidad que le atribuían los periódicos,
favorable incluso cuando lo comparaban al que desde siempre había
sido el principal teatro de la ciudad, al modo del Lyceum en Shanghái, el
Theatre Royal, de propiedad pública, adoptando como estandarte no ya
la primacía cinematográfica en la ciudad, como hicieran sus antecesores,
sino el carácter palaciego del local. Lai (2006: 238-9) estima que en la
década de los años 10 el 70% del público en el Victoria era extranjero
y el 30% restante, chinos acaudalados, mientras que las clases menos
pudientes podían escoger entre el Empire, el Bijou y los espectáculos
temporales o itinerantes. El escritor Chan Sai-fung recordaba el Empire
como un edificio con aspecto de almacén con paredes de ladrillo y una
estructura de hierro con forma piramidal en el techo, con un público
objetivo de pocos posibles, en consonancia con sus bajos precios, y tres
cuartas partes de espectadores chinos.[80] Los europeos serían esencialmente marineros y soldados, mientras que los jefazos preferían la comodidad del adyacente Victoria Theatre.

En una nota en este caso posterior a la gala inaugural del Victoria, el 27 de mayo, página siete, *The China Mail* destaca ante todo en el
nuevo teatro, «lo que un local de espectáculos debería ser», su acabado
moderno, y que «por encima de todo —¡sin querer hacer el chiste!— tiene cincuenta ventiladores para mantener el lugar refrigerado», en comparación con el Royal, que no tenía ninguno. El articulista se preguntaba
«si el público estará todavía satisfecho pagando 3'50$ por el privilegio
de ser cocidos vivos», en referencia añadida al alto coste de la vieja y
prestigiosa sala.

Los dos elementos que más subraya la prensa, uniformemente
elogiosa con el nuevo cine, son su refrigeración, primordial en plaza de

• • • • • • • • • • • • •

79   *The Hong Kong Telegraph*. 30 de mayo de 1911, pág. 2.

80   Véase Lai (2006: 236), citando *«sishi nian lai dianying yuan yange»* en Lai Chun-wai, pág. 120.

calor tan sofocante como Hong Kong, y la seguridad frente al fuego. El énfasis pronunciado en la capacidad del nuevo Victoria para prevenir la eventualidad de un incendio y evitar una catástrofe gracias a sus hallazgos arquitectónicos y su moderna estructura puede parecer una apuesta extraña de articulistas o publicistas, pero se trataba de una preocupación primordial en aquellos primeros años del cine. De hecho, comprobamos en la prensa local la firmeza con la que el Gobierno de la colonia hacía valer la férrea normativa para prevenir incendios en los locales de proyección de películas. El 2 de agosto de 1918 *The China Mail* publicaba en su cuarta plana el opúsculo «Cinema houses prosecuted», que recoge las demandas efectuadas contra la gerencia de tres cines, el Hongkong Cinematograph Theatre, el Victoria Theatre y el Empire Theatre, por faltas relacionadas con la protección contra los incendios. Si el gerente del Hongkong Cinematograph fue acusado de permitir el uso de un cinematógrafo que no estaba construido y operado en una caja/cabina de lámina de hierro de menos de 1/10 de pulgada de grosor y que no estaba contorneado con amianto, su homólogo del Victoria recibió la acusación de no tener permanentemente dos cubos de agua y una manta húmeda inmediatamente fuera de la cabina que contenía el cinematógrafo la noche del 27 de julio. Por su parte, el propietario del Empire Theatre, amén de procesado por no haber renovado a tiempo su licencia, a causa, según alegó su defensa, de su poca experiencia en el negocio y su desconocimiento del idioma inglés (lo que hace patente que el teatro, de ser el viejo Empire, ya no se hallaba en manos de Ramos y Ramos), fue así mismo acusado de «no haber mantenido dos cubos de agua y una manta húmeda inmediatamente fuera de la cabina que contiene instrumentos cinematográficos durante la proyección». Además, la negativa a renovarle la licencia vino, según la nota del periódico, por no haberse cumplido lo requerido por la autoridad para una reforma en el cine solicitada por el propietario, precisamente con una toma de agua como foco del incumplimiento. Semanas después, el 30 de agosto de 1918, «Cinema houses summoned», de nuevo en *The China Mail*, glosaba nuevas citaciones contra los tres cines y un cuarto añadido, el Taiping. En esta ocasión, el Empire fue multado con 10$ por no contar con suficientes cubos de agua (sólo tenía 18, frente a los 32 requeridos) junto a la cabina de proyección; el Hongkong Theatre hubo de pagar idéntica multa por no disponer de una manta húmeda junto a la cabina (había una manta, pero estaba seca); el Taiping Theatre recibió la misma sanción que el Empire por la misma falta; y el Teatro Victoria fue citado por no mantener un pasaje libre o pasarela de no menos de tres pies de anchura detrás de los asientos del entresuelo, por obstruir ilegalmente con raíles de madera la pasarela de la planta baja y por no haber indicado, con notas en chino e inglés, todas las puertas de salida del público, que además estaban cubiertas por cortinas, imposibles de localizar. También se mencionaba en el requerimiento que el entresuelo tenía colocadas 170 butacas aunque sólo tenía permiso para 160. En este caso, la multa fue de tan sólo 1 $ tras las alegaciones del gerente, el Sr. Ray, que aseguraba que la empresa, de cuya licencia eran titulares los Sres. Ramos & Co., no había tenido en los últimos nueve años denuncia alguna de la policía.

Desde un primer momento, el fuego fue uno de los mayores enemigos de los espectáculos cinematográficos. Ya en 1897 *The New York Herald* publicaba una conocida imagen que reproducía el trágico incendio del Charity Bazaar, cine quemado en París el 15 de mayo de ese año, uno de los primeros de una interminable lista a la que China no permaneció ajena pese a su relativo atraso en lo cinematográfico. Si en 1906 ardía la caseta de bambú desde la que se proyectaban las películas en el Astor Garden de Shanghái,[81] en 1907 la cisterna empleada en el espectáculo de cinematógrafo regentado por E. F. Thompson en el n.º 167 de Foochow Road (Shanghái) explotó, hiriendo a dos chinos que manipulaban el proyector;[82] y en 1908 la caída de un trozo de carbón sobre la película durante su transporte a manos del proyeccionista, un extranjero, causó el incendio y la total destrucción del cinematógrafo propiedad del Sr. Rosenthal en asociación con un chino empleado en el Departamento de Obras Públicas en el número 73 de Pakhoi Road, en Shanghái. Ni la máquina ni las películas estaban aseguradas.[83] Ese mismo año, también en Shanghái, tras inspeccionar los cinematógrafos con licencia, el superintendente y el ingeniero de la policía escribieron un informe conjunto en el que consideraban que no había suficiente prevención frente al peligro de que una llama provocada por la ignición de la película ocasionara un incendio, de manera que se decidió añadir la siguiente norma a las

• • • • • • • • • • • • • •

81   Véase *The North-China Herald* de 31 de agosto de 1906, pág. 498.

82   De acuerdo con el informe de la policía municipal de Shanghái ante el Consejo Municipal de 12 de diciembre de 1907.

83   Según el informe de la policía municipal de Shanghái ante el Consejo Municipal de 5 de abril de 1908. Los acontecimientos, acaecidos poco después de las 11 de la noche del sábado 4 de abril, son relatados también en el semanal *The North-China Herald* de 10 de abril de 1908 (pág. 118). En la versión de este periódico, el incendio tuvo lugar por el sobrecalentamiento de parte del aparato de proyección y causó un daño, restringido al edificio del cinematógrafo, estimado en unos 10.000 taels.

licencias que se dieren en el futuro: «9A. —Que el recinto de la linterna del cinematógrafo debe estar forrado con hierro galvanizado u hojalata, y no pueden almacenarse a un tiempo más de seis películas en ella—».[84]

El poder de ignición de las primeras películas era elevadísimo y se unía a unas condiciones generales poco favorables a este respecto. Las notas sobre incendios en la prensa de Shanghái son abundantísimas en 1907-1908, por ejemplo. En 1904, vemos en el informe municipal del año para la ciudad[85] que se habían producido nada menos que 135 incendios, con el resultado de 327 casas destruidas y otras 245 dañadas.[86] Con el paso del tiempo y la popularización del invento, especialmente en Shanghái, se recogen casos de incendios en proyecciones privadas, como el que causaron los sirvientes de Ellis Ezra durante una función casera de cine en 1922, destruyendo la estancia en la que tenían lugar las sesiones cinematográficas.[87]

No nos consta que ninguno de los cines de Ramos sufriera este tipo de contratiempos esto es, mientras fueron propiedad del español. El 28 de enero de 1919, *The South China Morning Post* informaba del cierre del Empire Cinematograph y el 25 de abril de ese mismo año, de la apertura en su lugar del Wo Ping Theatre (Teatro Paz), que desapareció calcinado en 1921 tras declararse un incendio en sus instalaciones. Sí acontecieron algunas escenas de pánico debidas a alertas por fuego, en particular en el Victoria de Shanghái. Según informaba *The North-China Herald* el día 15 de julio de 1910, cinco días antes, ante una pelea ocasionada por dos extranjeros ebrios que querían entrar sin pagar en el cine, y creyendo que se trataba de un incendio, el público se había levantado a una y huido despavorido de la sala.[88] Un año después, en

• • • • • • • • • • • • • • •

84   Vid. *The Municipal Gazette*, 28 de febrero de 1908, vol. 86, pág. 55.

85   pág. 154.

86   Vid. Archivo Municipal de Shanghái, carpeta U1-1-914-918.

87   Vid. «Shanghai Municipal Council. Police Daily Report. Fire.», el informe de 28 de octubre de 1922 de la policía municipal de Shanghái al Consejo Municipal (pág. 4), y el reporte correspondiente al 10 de noviembre. El fuego, producido por el incendio de las películas, tuvo lugar a las 4.14 a.m. y ocasionó la muerte de uno de los *boys* presentes, que saltaron, como el chófer de Ezra, la esposa de uno de los sirvientes, dos *amahs* y una prostituta, por la ventana de la habitación, situada a más de seis metros de altura cuando el aparato ardió, sufriendo diversos daños en la caída. La residencia de Ellis Ezra se encontraba en el n.º 15 de Mohawk Road (en la Concesión Francesa, en la intersección con Weihaiwei Road.).

88   En su página centésima sexagésima tercera. D. Kerrigan, causante del alboroto, golpeó en la trifulca a dos policías, que lo acabaron conduciendo a comisaría, con tan mala suerte que tanto un agente como el acusado cayeron en el trayecto a la estación de policía por culpa del último, que de esta manera presentó heridas de consideración en el rostro durante su juicio, en el que fue condenado a 20$ de multa o una semana de cárcel.

septiembre de 1911 en las fechas de inauguración de su homónimo en Hong Kong, se repitió el suceso. Como relata «One of the crowd» («uno del público» o «uno de la multitud») en su carta al director fechada el 18 de septiembre de 1911 en The North-China Herald,[89] se produjo una estampida de salida en el cine Victoria en la noche de un sábado (el día de mayor afluencia de público por lo común) a consecuencia del miedo al fuego que pudo haber sido fatal. El motivo del pánico fue la actitud de «dos o tres miembros de la Brigada de Bomberos» que se precipitaron hacia la salida con gran alharaca cuando la película estaba terminando, provocando el efecto inmediato de una huida alborotada de la práctica totalidad de los asistentes, innecesariamente alarmados por el afán de los muchachos «por proclamar su condición de bomberos en cuanto tienen la oportunidad».

Hay que señalar que las noticias sobre tragedias en cinematógrafos no eran en absoluto infrecuentes en la prensa de Shanghái o Hong Kong del momento y producían esta sensación de miedo, que podía devenir en terror sin dificultad. En mayo de 1912,[90] The China Mail se hacía eco del incendio de un cine en Villarreal que había causado hasta el momento 80 muertos, aunque muchos heridos de gravedad engrosaban continuamente la cifra. En noviembre de ese mismo año, The Hong Kong Daily Press[91] recoge la muerte de 52 personas a causa de una estampida en un cine en Bilbao que también causó un centenar de heridos.

Una nota en el periódico The Hong Kong Telegraph en el otoño de 1922 nos permite conocer que curiosamente el Victoria se vio superado en protección contra incendios por el edificio que lo sustituyó ese mismo año. El dueño del nuevo edificio, M. J. D. Stephens, alquiló una parte del mismo al cuerpo de bomberos de Hong Kong para que estableciera allí su nuevo cuartel, con capacidad para más de sesenta hombres.[92]

No sabemos la fecha exacta de cierre del Victoria Theatre. El 28 de febrero de 1920, según las tarjetas de Carl Smith conservadas en la

• • • • • • • • • • • • • • •

89 Y publicada en The North-China Herald el 23 de septiembre de 1911, pág. 769, con el encabezado «Correspondence. A Fire And Its Sequel».

90 The China Mail, «A Cinematograph Tragedy», 29 de mayo de 1912, pág. 7.

91 El 27 de noviembre de 1912, en la página 2. The China Mail también informa de la noticia en «The Cinematograph Tragedy», 27 de noviembre de 1912, pág. 7.

92 The Hong Kong Telegraph, 15 de diciembre de 1922, pág. 6. Puede comprobarse también en el mapa de 1924 que publica gwulo.com: http://gwulo.com/1924-map-hong-kong-western

Oficina de Registro Público de Hong Kong,[93] el *The South China Morning Post* publicaba una nota sobre su próxima demolición. No hemos encontrado ningún anuncio del cine en la prensa de Hong Kong posterior al 31 de marzo de 1920, cuando «sólo por un día», ofreció un programa muy apetecible pero poco actual de cine americano, la película de Charles Chaplin *Shoulder Arms* (Charles Chaplin, 1918), ya proyectada en el mismo cine un año antes,[94] *Luke Loses Patients*, de Harold Lloyd (producción de la Rolin Films de 1917), y el episodio final del serial *Bound and Gagged* (George B. Seitz, 1919), como vemos en anuncio de *The Hong Kong Telegraph* del mismo 31 de marzo (publicado en su sexta página). La semana anterior, el protagonista del escenario había sido el telépata Eugen de Rubini, con entradas entre 0'5$ y 3 $ y una sola sesión nocturna, a las 9 y 15 minutos.

El programa especial del último día de que tenemos constancia de apertura del cine también tuvo una sola sesión, pero el fin de semana anterior hubo dos sesiones y matiné con carteles que combinaban espectáculos de segunda fila con el serial americano de George B. Seitz. La prensa contiene esas semanas publicidad de otros dos cines en la ciudad, Hong Kong Theatre y The Coronet, el más profusamente anunciado, que incluyó importantes títulos en los meses anteriores, como listaba su director, H. W. Ray en el opúsculo «The Coronet. To the Picturegoing Public of Hong Kong», publicado en *The Hong Kong Daily Press* el 31 de marzo de 1920 (página 6), a través del cual sabemos que el cine llevaba por entonces abierto quince meses. Es probable que se trate del mismo Ray que regentaba el Victoria dos años antes, como se mencionó más arriba. *The China Mail* publicitaba los tres teatros el 31 de marzo de 1920 en su décima página.

De acuerdo con Lai (2006: 238-9), el Victoria fue desmontado y trasladado ladrillo a ladrillo con el mismo diseño y fachada al otro lado del mar, a Tsimshatsui y «resucitado» como Star Theatre en la esquina de Peking Road y Hankow Road.

• • • • • • • • • • • • • •

93 Tarjeta «Victoria Theatre», n.º 179173, Public Records Office of Hong Kong.

94 Con acceso gratuito para los soldados de la guarnición local por gentileza de «los Sres. Pathé y la Gerencia del Victoria» según comunicaba el 4 de abril de 1919 *The China Mail* (pág. 8).

4.2. La programación del Victoria Theatre (1911-1920)

Aunque la inauguración del cine Victoria prácticamente coincidió con la apertura de un nuevo teatro cinematográfico en Hong Kong, la restauración del viejo Teatro Chino de Yaumati,[95] sus únicos oponentes reales, como vimos, en los espectáculos para extranjeros fueron en un inicio el viejo Royal y el Bijou de B. H. Stephenson que, como el Victoria, trató de potenciar el vodevil sobre el cine ante la falta de películas de categoría a buen precio.

El arranque del Victoria fue exitoso por la inclusión de espectáculos de calidad. Las acrobacias y la magia de Ching Ling Foo trajeron llenos y alabanzas en la prensa, que no cesaba de elogiar el equipamiento del nuevo teatro.[96]

Pocos días después, la apuesta de Ramos & Ramos por el cine quedaba si cabe más clara con la programación de películas del máximo interés local rodadas por su propia empresa, encargadas al cineasta italiano Enrico Lauro, centradas en las celebraciones de la Coronación del rey inglés, pero también con incursiones en otros actos sociales. El 26 de junio *The Hong Kong Telegraph*[97] anunciaba tanto la demora en la exhibición de las películas más institucionales como el inminente rodaje de escenas más populares:

> Nos informa la gerencia del Victoria Cinematograph[98] de que las películas sobre los acontecimientos de la Coronación han sido remitidas a Shanghái para su revelado a causa de las condiciones climáticas. No se mostrarán las películas, por consiguiente, hasta dentro de dos semanas. Mañana por la mañana se rodará una película de la Catedral

· · · · · · · · · · · · · ·

95   Dedicado al público chino, como describe *The Hong Kong Telegraph* de 26 de mayo de 1911, pág. 16. El local, llamado King's Electric Theatre, habría sido abierto por la misma empresa del Bijou Scenic Theatre y tendría a J. Jafferty como arrendatario y gerente, de acuerdo con *The Hong Kong Telegraph* de 25 de mayo de 1911, pág. 4. La nota a este respecto en el diario hongkonita añade que otro cinematógrafo iba a abrir en Hong Kong (el Victoria, plausiblemente) y había rumores sobre un tercero también pronto a inaugurarse en Kowloon.

96   Vid. *The China Mail*, «The Victoria Theatre», 3 de junio de 1911, pág. 1.

97   En la página 3, bajo el título «Cinematograph Films». La nota puede hallarse también replicada el 1 de julio en la página 250.

98   Parecen recobrar el antiguo nombre del anterior teatro para esta noticia, netamente cinematográfica.

Católica Romana tras la Misa. Esta noche se rodará a los espectadores saliendo del Victoria Theatre.[99]

El retraso en el estreno «por las condiciones climáticas», que obligaron a su procesado en Shanghái, se notificaba también en los anuncios del cine, como vemos en *The China Mail*,[100] que prevé la llegada de las películas para la primera semana de julio. Tras un nuevo retraso, el 14 de julio *The Hong Kong Telegraph* anunciaba las películas de la Coronación, que habían sido proyectadas por primera vez en Hong Kong la noche anterior «claras y libres de parpadeo», de manera que «varios residentes locales eran plenamente reconocibles», y avanzaba que pronto llegarían también al Victoria Theatre las películas de las celebraciones en Inglaterra,[101] en reproducción de la estrategia seguida poco antes en el Empire con la programación de las escenas del entierro del rey Edward rodadas tanto en Shanghái como en la metrópolis. Las imágenes de Londres desembarcarían en Hong Kong la última semana de julio.[102]

El vínculo con el cineasta napolitano Enrico Lauro, pionero del cine en China, y su participación en las empresas de Ramos y Ramos, descubierta y profusamente explicada en Toro Escudero (2016), no cesó aquí ni mucho menos. Podemos percibir su mano en la programación en el otoño de ese mismo 1911 de la «Gran Película Premiada» en la Exposición Cinematográfica de Turín *After 50 years*, o *The Golden Wedding* (*Tras 50 años* o *Las Bodas de Oro*). La cinta, sin duda *Nozze d'oro*[103] (Luigi Maggi, 1911, de la turinesa Società Anonima Ambrosio, que incluyera títulos muy probablemente de Lauro en su catálogo), según publicaba *The China Mail* en una nota que complementaba el anuncio abajo adjunto,[104]

• • • • • • • • • • • •

99   Poco después el mismo cine proyectaría *Coming out from the Victoria Theatre on Saturday afternoon after the popular matinee*, de modo que, seguramente a causa de la luz, parece haberse decidido adelantar la hora y sesión para el rodaje (a menos que hubiera dos películas distintas filmadas a las puertas del teatro).

100   26 de junio de 1911, pág. 6.

101   *The Hong Kong Telegraph*, 14 de julio de 1911, pág. 4.

102   *The China Mail*, 28 de julio, página 6.

103   Se trataba de una película de 450 metros fotografiada por Angelo Scalenghe que pasó la censura en Italia el 1 de noviembre pero a continuación la sufrió varias veces tras el éxito de crítica y público en la Exposición para evitar roces con Austria, ya que su argumento se basaba en una batalla acaecida en 1859 entre este país, entonces todavía parte del Imperio Austrohúngaro, e Italia (si bien todavía no existía en la fecha de la batalla tal estado unitario). La información sobre la película está disponible en el Museo Nazionale del Cinema di Torino, http://www.museocinema.it/.

104   Nota titulada «Victoria Theatre». Ambos, en la cuarta página del diario de 8 de diciembre de 1911.

se había hecho con el primer premio en la Exposición, consistente en 25.000 francos, poco tiempo atrás. Es de suponer que esta apuesta por el cine artístico estuviera directamente relacionada con la participación del propio Lauro ese mismo año en al menos una exposición cinematográfica en Italia.[105]

También continuarían los programas inspirados en la realeza británica y, en general, supeditados al poder imperial, como la película de la ceremonia del Durbar en India en enero de 1912,[106] con el acto oficial de los reyes de Inglaterra en Delhi, o diversos actos, funciones, conciertos y espectáculos celebrados a beneficio de distintas secciones del ejército británico o representaciones del poder imperial, sobre todo en época de guerra, que demuestran la adaptación de los empresarios españoles, como se comprobará también en Shanghái, a la coyuntura reinante como personajes significados en la dirección de uno de los principales centros de reunión social de la plaza, esto es, como prohombres de la colonia y la pseudocolonia más al norte que eran. De esta manera, no podría ser de otra forma, Ramos and Ramos Cinematograph Co. participó en la colecta que a favor de las viudas, huérfanos y familiares de los pasajeros y trabajadores desaparecidos en el accidente del colosal buque Titanic llevó a cabo en Inglaterra el Fondo de Salvamento Mansion House mediante una función benéfica en su teatro señero de Hong Kong que recaudó más de 67 libras, como vemos en el *The London Standard* de 10 de junio de 1912 (pág. 13).

1912 es todavía uno de los grandes años del vodevil en el circuito Ramos, y las variedades son el principal ingrediente de los espectáculos en el Victoria Theatre de Hong Kong. Abundan los carteles sin películas, cuando menos en los anuncios en la prensa. Sin embargo, podemos encontrar también una «gran semana de películas», dedicada en exclusiva a lo cinematográfico, como fue la penúltima de julio, que combinó en una sesión, junto a varios títulos menores, *Romeo and Juliet* (probablemente la versión de Ugo Falena para la Film d'Arte Italiana y la Pathé, con Francesca Bertini como Julieta, estrenada en enero de 1912 en Italia y en febrero en España y Reino Unido de acuerdo con IMDB) y la necesariamente reciente *The Great Disaster of the White Star Liner S.S. «Titanic»*,

• • • • • • • • • • • • • •

105 Véase el capítulo dedicado al cineasta italiano en Toro Escudero (2016).

106 Según el anuncio publicado en *The China Mail*, 9 de enero de 1912, pág. 6. Completaba el cartel el espectáculo de Harris y Vernon, dúo ya presente en el Victoria en octubre de 1911.

sobre la tragedia naval del año, si no de todo el siglo XX.[107] Además, durante buena parte de 1912 la estrategia del Victoria cuando proyecta películas será diferenciar sus dos sesiones de manera que en la primera exhiba únicamente cine y en la segunda «el programa completo», esto es, una combinación de películas y espectáculos sobre el escenario. Normalmente, se ofrecen tres matinés semanales, dos sesiones consecutivas diarias y dos cambios de programa semanales.

A través de la prensa del 8 de mayo conocemos la existencia de dos nuevos teatros en la ciudad, el Kaw U Fong, próximo a Gough Street, que se anuncia con un espectáculo de ilusionismo como «moderno», y con «ventiladores eléctricos» y «aire helado» en *The Hong Kong Telegraph*,[108] y el espectáculo cinematográfico «Scenic Railway», que reproduce lo exhibido en el Bazar de la Universidad de Hong Kong desde el primero de mayo, según publicidad inserta en ese mismo diario: aparentemente, una proyección de películas (36, según el anuncio) a bordo de un tren que llevará a los pasajeros alrededor del globo «con todas las emociones y excitación de un viaje en tren en el tiempo récord de media hora». Los trenes, divididos según *The Hong Kong Daily Press*[109] en tres categorías distintas, normales, especiales y extras, ofrecían el espectáculo en sesiones de 30 minutos desde las dos de la tarde y hasta las once de la noche por un precio muy asequible y en una ubicación muy céntrica no muy lejos del teatro Victoria. Independientemente de su posible éxito, la novedad no duró o no volvió a necesitar publicitarse. Durante el resto del año sólo encontramos anunciadas proyecciones en el Victoria y el Bijou, que ofrece discretos programas basados sobre todo en seriales. Su director, Stephenson, continúa actuando en su propio escenario de vez en cuando.[110]

The Hong Kong Telegraph recoge el día 18 de enero de 1913 en su cuarta plana («New Cinema Project») la noticia de la llegada a la ciudad del neoyorquino Walter Morris, quien había establecido en el 94 de Queen's Road en el distrito Central una oficina de distribución cinematográfica, Cinematograph Film Exchange, en asociación con Tam Yik

• • • • • • • • • • • • • •

107 *The Hong Kong Daily Press* de 25 de julio, pág. 4. Seguramente se trate de un cortometraje de la Gaumont francesa.

108 8 de mayo de 1912, pág. 2. El anuncio de Scenic Railway también fue publicado en dicha página.

109 8 de mayo de 1912, pág. 4.

110 El 14 de octubre de 1912, por ejemplo, según *The Hong Kong Telegraph*, o el 3 de diciembre, como publicaba *The China Mail*.

Kiu con el propósito de suministrar películas tanto a su propio teatro como a otras pantallas. El artículo afirma que Morris «prácticamente ha cerrado un acuerdo» por un gran solar en Hong Kong en el que tenía la intención de construir un cine en el que ofrecería entre 5 y 10 sesiones de 90 minutos de duración al precio de entre 5 y 10 céntimos por butaca, unos precios alejadísimos, por bajos, de los habituales en la colonia. Por si fuera poco, Morris planeaba un viaje por multitud de puertos chinos para intentar establecer una cadena de cines por todo el país, ya que, afirmaba, había encontrado el apoyo entusiasta de los chinos adinerados de Hong Kong. Nada se volvió a saber de su empeño, hasta donde hemos podido indagar.

El 29 de noviembre de 1913 hace su aparición el primer número del semanario hongkonita de lengua portuguesa *O Português*, que dará cuenta prioritariamente de la programación del Victoria Theatre, «popular e afamado teatro (...) edificado em 1911 com todos os requisitos modernos, bôa ventilação, optimas acomodações e iluminado á luz electrica»,[111] «Venga a deshacerse del hastío de las tediosas horas de ocio si quiere un buen recreo, *Utile et dulce*», culminaba en latín la primera nota en el rotativo referida al teatro de los Ramos, en una involuntaria afirmación de la falta de oportunidades para el entretenimiento en la colonia, especialmente en lo relativo a los espectáculos escénicos y fílmicos.

O Português recoge también en ese primer ejemplar el horario del cine: «dos representaciones de primera clase», la primera, de 7:15 a 8:45 de la tarde y la segunda, más larga, de 9:15 a 11:15 de la noche, con matinés los miércoles a las 5:30 de la tarde, los sábados a las 5:00 p.m., los domingos a las 6:00 p.m. y los festivos a las 5:30 p.m.

La programación difiere en 1913 de la del año previo en la reducción del protagonismo del vodevil, con excepciones como el éxito veraniego de Raynor y Montez, en favor del cine, generalmente europeo, francés, italiano o nórdico ante todo. El día de su presentación, *O Português* incluye los estrenos inmediatos en el Victoria: *Una conspiración contra Murat* (*Una congiura contro Murat*, de 1912, dirigida por Giuseppe Petrai, película de la Film d'Arte Italiana y la Pathé Frères); *Ida (la Reina del Aire) —Cirkusluft*, protagonizada por Ida Nielsen, película sueca de 1912 dirigida por Poul Welander—; y «Trío», con Martinette, Grosse & Moret, canciones y novedades teatrales, un espectáculo de variedades.

• • • • • • • • • • • • • •

111 *O Português*, 29 de noviembre de 1913, pág. 3.

En diciembre de 1913 la tendencia será similar, pequeños números de vodevil, cine francés como *Protea*, que se anuncia como un drama sensacional de 5000 pies de longitud, serial dirigido en 1913 por Victorin Jasset, de la Eclair,[112] que veinte meses más tarde volvería a proyectarse en Hong Kong, en esta ocasión en el Bijou, en una muestra de la preeminencia del Victoria en la escena local; cine italiano de prestigio, como *Tigris* (Vincenzo Denizot, 1913, de la Itala Film), *Il Treno Degli Spettri* (Mario Caserini, 1913, de la Film Artistica Gloria), *Quo Vadis* (Enrico Guazzoni, 1913, de la Cines, en 8000 pies) o *Gli ultimi giorni di Pompeii* (Mario Caserini y Eleuterio Rodolfi, 1913, de la Società Anonima Ambrosio), que casi un año después se estrenaría en Shanghái, en el recién inaugurado Olympic de Antonio Ramos; y alguna cinta estadounidense aislada, con inesperada escasez de cine proveniente del norte de Europa.

Para entonces era director musical del cine Victoria P. Villaverde, quien, además de ser pianista en este teatro, fue invitado por el Hongkong Hotel a dirigir la orquesta en el salón de té y las cenas.[113] Sustituía a Pedro Madariaga, que había dejado el Victoria camino de Manila con una gala especial dedicada a él el 28 de agosto.

El profesor Villaverde había trabajado en el Teatro Victoria de Shanghái durante años. En 1910 encabezó junto a los profesores Hagenbach y Rull un movimiento para organizar a los músicos de Shanghái,[114] que ya entonces tenían un importante componente español y filipino. Sabemos que en la primavera de 1912 continuaba en Shanghái por una sentencia judicial que condenaba al portero del Victoria, el indio Miram Bux, a un mes de cárcel con trabajos forzados y la devolución del traje que había sustraído a Villaverde y vestido a continuación con desparpajo frente a su legítimo dueño.[115]

Si en 1913 el negocio fue satisfactorio, según indicaba *The New York Times* en diciembre,[116] 1914 no supondrá en un inicio grandes cam-

••••••••••••••

112   *O Português*, 20 de diciembre de 1913, pág. 3.

113   Id. ant. Actuaba en el hotel de 4 de la tarde a 8 y media dirigiendo y formando parte de «esa orquesta que divierte tanto a las señoras en su *rendez-vous* a tomar el té como a los forasteros que cenan en el Hotel».

114   Véase «A letter from the Far East», fechado en Shanghái el 25 de octubre de 1910 por Mark, en *The New York Clipper* de 3 de diciembre de 1910, pág. 1044.

115   Véase *The North-China Herald* de 25 de mayo de 1912, pág. 573.

116   En «Movies for the Chinese», artículo que no obstante argüía que era «prácticamente necesario» contar con capital y gerencia chinas en el establecimiento para que pudiera tener éxito. *The New York Clipper* de 10 de mayo de 1913 (pág. 2) atribuía «un negocio satisfactorio» tanto al Victoria como al Bijou

bios, con nuevos programas cada dos días en el Victoria, que domina una escena cinematográfica completada con el Bijou y, ocasionalmente, el Theatre Royal, donde recalarán en mayo Maurice E. Bandmann y su Bandmann Opera Company, tan habituales durante años en el Lyceum de Shanghái y el circuito de Oriente. La ciudad, según el artículo citado de *The New York Times*, se había convertido en un centro de distribución cinematográfica en la región, con lo que el suministro de películas habría de ser mayor que en años precedentes.

Fantomas (Louis Feuillade, 1913) presidirá el comienzo de un año salpicado también de actuaciones de vodevil como la de Mister Carson, quien a finales de mayo se encerraba en una caja suministrada por la tabaquera angloestadounidense British American Tobacco Co. que el público ataba y clavaba y de la que se escapaba acto seguido hábilmente. La British American Tobacco, que tendría un papel destacado pocos años después en los primeros pasos de las producciones cinematográficas chinas, tuvo en 1914 una importante oportunidad de expansión y conquista merced a un acontecimiento que daría la vuelta al cine mundial y, lógicamente, impactaría enormemente en la cartelera de Hong Kong: la Primera Guerra Mundial. El gran concierto celebrado en el Theatre Royal el 3 de abril, en el que se esperaba la asistencia del Gobernador de la colonia y sus principales mandos militares, destinaría sus beneficios al Fondo para Tabaco de las Fuerzas Aliadas,[117] que promocionaría efectivamente entre los hombres tan letal afición.

El 11 de mayo abre en Causeway Bay el Hippodrome Circus and Menagerie, un nuevo centro de espectáculos que no parece haber proyectado películas y que tampoco se antoja competencia directa para Bijou y Victoria, más allá de diversificar las posibilidades de ocio en la ciudad. Se centra en el circo y espectáculos como el de «Fric, la rana humana».[118]

Desde muy pronto, la guerra inundará las pantallas de la ciudad y será el destino de los fondos recaudados con las galas especiales. En cierto modo, el Victoria se pone al servicio de la causa imperial durante la contienda. Con motivo de la noche benéfica destinada al Fondo Príncipe de Gales la autoridad colonial permite el funcionamiento de un ferry

• • • • • • • • • • • • • •

«de Stephens» en Hong Kong, y al Victoria y el Apollo «de Hertzburg» en Shanghái, con sus combinaciones de películas y vodevil, que provenía ante todo de Australia por entonces.

117 Vid. *The Hong Kong Telegraph* de 3 de abril de 1915.

118 Vid. *The China Mail*, 11 de mayo de 1914, página 5.

nocturno extra hacia Kowloon.[119] Los artistas patrióticos británicos y las películas bélicas del imperio comienzan a ocupar los carteles. Se repiten las galas en beneficio de organizaciones, estamentos o fondos relacionados con la guerra.

No por ello desaparecerá Hong Kong de los circuitos de artistas y películas, en los que es plaza importante. Si en marzo se estrena con éxito en el Victoria *Marco Antonio y Cleopatra*[120] (*Marcantonio e Cleopatra*, de Enrico Guazzoni, 1913), que a continuación será un rotundo fracaso que obligará a su cancelación la segunda noche en Cantón,[121] en noviembre llegará a la colonia la cinta encargada dos meses antes de inaugurar el gran teatro de los Ramos, el Olympic, en Shanghái: *How Heroes are Made* (*Scuola D'Eroi*, Enrico Guazzoni, 1914), película de la productora italiana Cines que habría pasado antes también por el Victoria de Shanghái. El anuncio en *The Hong Kong Telegraph* recordaba precisamente su conexión con «Antony & Cleopatra»: «una magnífica película a cargo de la mano maestra de *Antony & Cleopatra*».[122] En Shanghái la publicidad de *Scuola D'Eroi*, una película napoleónica, reivindicaba tanto esta como otra gran película romana de Guazzoni, *Quo Vadis* (1913).

A continuación analizaremos más pormenorizadamente la cartelera del Victoria Theatre durante 1915, primer año marcado completamente por la Guerra Mundial y el primero con la programación del cine perfectamente reflejada en la prensa de Hong Kong, cuyos prolegómenos vienen marcados por unas Navidades acompasadas al son de las *Campanas de Rheims* (*Bells of Rheims*, película bélica dirigida por Maurice Elvey en 1914, producción de la British & Colonial Kinematograph Company).

4.2.1. Cartelera del Victoria Theatre durante el año 1915

Esta descripción de la programación en 1915 del cine principal de Ramos & Ramos en Hong Kong, como sucederá también en el capítulo dedicado a Macao, no busca una exhaustiva reproducción de todos y cada uno de los títulos en cartel, sino una selección grande altamente representativa de los mismos que permita un análisis del tipo de espectáculos progra-

• • • • • • • • • • • • • •

119 Vid. *The Hong Kong Telegraph*, 9 de septiembre de 1914, página 9.

120 Vid. *The Hong Kong Telegraph*, 7 de marzo de 1914, página 5.

121 Según A. E. Carleton, vicecónsul general de EE. UU. en Hong Kong, relataba en «Moving Picture Shows in the Far East», *The Moving Picture World*, octubre-diciembre de 1914, pp. 79-80.

122 *The Hong Kong Telegraph*. 20 de noviembre de 1914, pág. 5.

mados, sus variaciones a lo largo del año y sus semejanzas y diferencias con respecto a las películas proyectadas en Macao en ese mismo 1915, en toda la red de Ramos o en todo el Extremo Oriente.

The Hong Kong Telegraph realizaba en marzo de 1915 el siguiente análisis de la programación habitual en los cines de Hong Kong, en defensa de la gran literatura filmada:[123]

> Es una vieja queja nuestra el hecho de que las compañías que gastan semejantes sumas fabulosas en las películas parecen considerar el realismo el asunto menos importante al que prestar atención. Ni una de cada cincuenta de estas obras convencería a un bebé o a un culí de que el argumento es posible. Por qué los realizadores no pueden producir más novelas dramatizadas o más representaciones fotográficas de obras reconocidas es algo que no logramos entender. Cuando *Les Miserables* vio la luz en Hong Kong, el público asistió por centenares y se sentó durante horas para verla; lo mismo sucedió cuando *Los Tres Mosqueteros*, *Los Últimos Días de Pompeya*, etc. fueron proyectadas. La gente acude en masa para ver lo mórbidamente sensacional, lo sabemos, pero está en la mano de los realizadores el transitar el largo camino que les cure de esta locura (a punto estuvimos de decir vicio) sin que la taquilla se resienta.

Refleja esta crítica tanto el gusto por las comedias y películas de evasión lógico en situaciones de excepción como era la Gran Guerra, que se refleja en las programaciones de un año como 1915, como el lamento del amante de la cultura por el descenso en el número y la magnificencia de aquellas grandes películas europeas que gobernaron el cine antes de la entrada en juego de los tanques y la pólvora, también esenciales en esta cartelera.

Enero

Seleccionando la programación de diez días diferentes no consecutivos a través de los anuncios publicados en el rotativo *The China Mail*, tenemos una impresión casi completa de la cartelera de ese mes. Hemos podi-

· · · · · · · · · · · · · · ·

123 En «Novels at the Cinematograph», *The Hong Kong Telegraph*, 13 de marzo de 1915, pág. 4. Las cursivas son nuestras.

do identificar con seguridad casi todos los títulos encontrados. Junto a algún espectáculo, como las actuaciones del comediante Billy Graham y los números ciclistas de Henry & May, los anuncios suelen especificar únicamente las películas de cabecera en los programas, que se acompañan de «nuevas películas cómicas, históricas e interesantes». La sesión nocturna se acompaña tres días a la semana, miércoles, sábados y domingos, de matinés.[124]

Entre las diez películas que hemos localizado como cabeza de cartel este mes existe una abrumadora mayoría de cine europeo —9 de las 10, un 90 %— ante todo danés e italiano —un 30 % del total cada uno— y una significativa presencia de ficción bélica. La media de antigüedad de las cintas se acerca a los dos años. Es interesante que, como vemos a continuación, se estrene en el Victoria una producción alemana pese al conflicto mundial, si bien se trata de una película detectivesca.

La tabla siguiente detalla las características de la cartelera de enero analizada:

Título	Año de Producción	País de origen	Director	Intérpretes	Productora
Bells of Rheims	1914	Reino Unido	Maurice Elvey	Elisabeth Risdon y A. V. Bramble	British & Colonial Kinematograph Company
Fascination	1913	Francia	Gérard Bourgeois	Jean Toulout y Maurice Vinot	Société Française des Films Éclair
Blind Love	1912	EE. UU.	D.W. Griffith[125]	Blanche Sweet y Harry Hyde	Biograph
The Family Diamond	1915[126]	Alemania			Messter Film

124   Tardías en comparación con los horarios de Shanghái, y para la denominación de matiné. Vemos en *The Hong Kong Telegraph* de 27 de abril que la matiné de los miércoles comenzaba a las 5:15 de la tarde, la de los sábados, a las 5 y la de los domingos, a las 6 de la tarde.

125   Según IMDB. Wilfred Lucas según CITWF.

126   Según CITWF. Aunque se estrenara los últimos días del mes, es difícil creer esta datación tan tardía.

L'attrice burlona[127]	1912	Italia	Mario Morais	Amelia Chellini y Domenico Gambino	Itala Film
Per alto tradimento[128]	1913	Italia	Alberto Carlo Lolli	Nilde Bruno y Attilio De Virgiliis	Pasquali e C.
Le Astuzie di Nelly[129]	1914	Italia	Giuseppe Pinto	Nelly Pinto y Filippo Butera	Leonardo Film
Endelig Alene[130]	1914	Dinamarca	Holger-Madsen	Rasmus Christiansen y Luzzy Werren	Nordisk Film
Af elskovs naade[131]	1914	Dinamarca	August Blom	Betty Nansen y Olaf Fønss	Nordisk Film Kompagni
Teresa The Adventuress[132]	1913	Dinamarca			Nordisk Film Kompagni

Febrero

Hemos considerado nueve películas que son cabeza de cartel durante el mes de febrero junto a las actuaciones de The McClements, H. Kenyon Slade e Irene Delmar y al genérico «War Films» («Películas Bélicas»), según vemos en la publicidad de espectáculos del diario *The Hong Kong Telegraph*, que será nuestra principal fuente también para los meses restantes del año. De nuevo, una película estadounidense acompaña a la

• • • • • • • • • • • • • •

127 Anunciada como *The Mocking Actress*.

128 Anunciada como *High Treason*.

129 *Nelly's Wits* en el anuncio de *The China Mail*.

130 El 11 de enero se anuncia en la página 5 de *The China Mail Left Alone*. La película danesa, cuyo título se traduciría como *Al fin sola*, es una apuesta plausible de identificación. Una nota en *The China Mail* sólo indica que la película tendría más de 4000 pies. El periódico también informa ese día de cómo el teniente general Kelly, su mujer y oficiales de todos los departamentos, suboficiales y soldados rasos con sus familias habían asistido a una matiné especial que incluía escenas de las batallas europeas, que entusiasmaron a la autoridad.

131 *Acquitted* en el anuncio en inglés. *Amor Sublime*, en España, según Det Danske Filminstitut, http://www.dfi.dk/

132 *Theresa the Adventuress* en la publicidad.

mayoría europea, en esta ocasión presidida por las cintas de la Pathé, todas ellas, francesas.

Título	Año de Producción	País de origen	Director	Intérpretes	Productora
Mills of the Gods	1914[133]	EE. UU.	Jay Hunt	Margaret Thompson y Marvel Stafford	Domino Film Company
Werner's Song	1914	Italia	Maurizio Rava	Francesca Bertini y Arnaldo Frassi	Celio Film
L'Ospite di Mezzanotte[134]	1914	Italia		Matilde di Marzio y Augusto Mastripietri	Cines
Den Flyvende Cirkus[135]	1912	Dinamarca	Alfred Lind	Emilie Otterdahl y Rasmus Ottesen	Nordisk Film Kompagni
Tyven[136]	1910	Dinamarca		Oda Nielsen y August Blom	Nordisk Film Kompagni
Fantomas	1913	Francia	Louis Feuillade	René Navarre	Gaumont Co.
A Crime for Love[137]	1911	Francia	Georges Denola	Paul Capellani y Charles Mosnier	Pathé Frères
Wiffles Weds a Suffragette	1914	Francia	Charler Petitdemange	Charles Petitdemange	Pathé Frères
Max et sa belle-mère[138]	1914	Francia	Max Linder	Max Linder	Pathé Frères

· · · · · · · · · · · · · · · ·

133 Existe una alternativa tan posible como la película de Jay Hunt como identificación del título publicitado en la prensa local, a falta de ninguna otra referencia que permita decantarse por una u otra, la cinta homónima de Ralph Ince (Vitagraph, 1912, con L. Rogers Lytton y Leo Delaney).

134 *The Midnight Guest*, en la denominación del anuncio.

135 *Pride of the Circus* en la denominación que le otorgaba el diario *The Hong Kong Telegraph*.

136 También conocida como *Synderinden*, seguramente el título original de la anunciada *A Great Sinner*.

137 Película coloreada.

138 En la prensa, *Too Much Mother-in-law*.

Marzo

Marzo es el mes en el que el cine bélico adquiere gran protagonismo en el Victoria y en Hong Kong en general. El Theatre Royal, de titularidad pública, destinó los ingresos de las funciones del 27 de marzo al Fondo para Tabaco de las Fuerzas Aliadas, que suministraba tabaco a los reclutas.[139] Las películas de guerra serán frecuentes en el Victoria; una de ellas, *The War of Wars*, también llamada *The Franco-German Invasion*, producción de la Pathé según la prensa, de la Ramo Films estadounidense de acuerdo con IMDB y CITWF, será eliminada tras varias funciones de la cartelera por la gerencia del cine, que publicó una nota en *The Hong Kong Telegraph* asegurando que la cancelación de este programa fue decisión suya y que no incluiría más películas de guerra en lo sucesivo a menos que hubieran recibido la sanción de las autoridades militares, lo cual hace suponer algún disenso de importancia con el poder colonial a causa de su contenido. Tal vez para resarcirse de la mala impresión creada, la misma nota anuncia una matiné gratuita para los soldados que se celebraría el martes de la semana siguiente.[140]

Por su parte, *The Great Battle Before the Fall of Antwerp* y *The War with Turkey*, cuya procedencia exacta no hemos podido determinar, son dos títulos muy recientes rodados en la Gran Guerra que se publicitan ocupando casi todo el largo de la página con detallada descripción de cada escena bélica (ocho en la primera y once en la segunda). El esfuerzo publicitario es notable; se anuncian días antes de su estreno, con notas que incluyen las críticas favorables obtenidas en sus recientes pases en Shanghái.

Continúa el predominio europeo, francés, danés e italiano, y la presencia minoritaria de cine estadounidense, algo más abundante que en los meses anteriores, por lo demás producido a menudo por compañías francesas. Los noticieros de actualidad corren a cargo de las *Gacetas* de la Pathé Frères y suelen acompañar a todos los programas. A conti-

. . . .

139 La Primera Guerra Mundial fue aprovechada por las grandes tabaqueras anglosajonas para aumentar significativamente el número de adictos a esta droga aprovechando la natural sumisión y frecuente tensión de sus soldados.

140 *The Hong Kong Telegraph*, 30 de marzo de 1915, pág. 4, «Day by Day».

nuación detallamos las películas localizadas como cabeza de cartel que no habían sido exhibidas con anterioridad:

Título	Año de Producción	País de origen	Director	Intérpretes	Productora
Un Contrasto[141]	1913	Italia		Augusto Mastripietri y Hesperia	Cines
I Corvi[142]	1913	Italia		Hesperia y Carmine Gallone	Cines
Redemption of White Hawk	1912	EE. UU.			Universal
Desperate Stratagem	1914	EE. UU.	H. O. Martinek	H. O. Martinek e Ivy Montford	Pathé Frères
The Sheriff's Daughter	1911	EE. UU.			American Kinema (montada por la Pathé)
A Game of Poker	1913	EE. UU.	Mack Sennett	Fred Sterling y Mabel Normand	Keystone
War of Wars	1914	EE. UU.	Will S. Davis		Ramo Films / Pathé Frères[143]
Doktor Nicolsen of den Blaa Diamant[144]	1913	Dinamarca	Mogens Falck	Anton De Verdier y Edith Buemann	Kinografen
Vasens Hemmelighed[145]	1914	Dinamarca	August Blom	Lili Beck y Oluf Billesborg	Nordisk Film Kompagni

· · · · · · · · · · · · · · ·

141 *The Contrast*, en la publicidad en prensa.

142 *Honour thy Father*, según se anunciaba en el periódico.

143 Según los anuncios en prensa, sería de la Pathé, pero las bases de datos principales la atribuyen a la Ramo Films estadounidense. Pudiera deberse a que la Pathé en realidad ejercía como distribuidora.

144 *Dr. Nicholson & the Blue Diamond* es el título publicitado en la prensa.

145 Es la asignación más probable que hemos encontrado para *The Secret of the Masterpiece*, el nombre anunciado en el periódico, una película de argumento detectivesco, al igual que el otro título danés de marzo.

Morkets Gerninger[146]	1913	Dinamarca	Emma Pedersen	Edith Buemann Psilander, Anton de Verdier	Kinografen
Pickpocket à Quatre Pattes[147]	1909	Francia			Pathé Frères
Le mystère des roches de Kador[148]	1912	Francia	Léonce Perret	Suzanne Grandais, Léonce Perret y Émile Keppens	Gaumont
Look out for Rocambole	1913	Francia	Georges Denola	Gaston Sylvestre y Jean Aymé	Pathé War Films
Pathé's Gazette	1915	Francia		(noticiero documental)	Pathé Frères
Les Larmes du Pardon[149]	1914	Francia	Ferdinand Zecca y René Leprince	Gabriel Signoret y René Alexandre	Pathé Frères

Abril

La presencia estadounidense en la pantalla del Victoria se sustenta ante todo en la proyección del serial *Sherlock Holmes*, que pocos meses después viajará al cine homónimo de Ramos en Macao. Se sigue anunciando un genérico «cine bélico» que en ocasiones tiene nombre específico, aunque no hemos podido detectar el año (lógicamente, 1915) ni la empresa de producción de las cintas. Suelen ser, eso sí, escenas protagonizadas por las tropas imperiales británicas; es el caso de *Britain at War* y *Wireless from the War*, «con nuestras tropas en Francia». Tras lo sucedido el mes anterior, ahora las películas se anuncian como habiendo sido «de-

• • • • • • • • • • • • • •

146 *Deeds of Darkness* en los anuncios. Con este título vemos un estreno en Gran Bretaña en enero de 1915 Es una cinta de 4000 pies de argumento detectivesco, probablemente basada en la novela homónima de Edward M. Marston.

147 Es la identificación más plausible que hemos encontrado para la comedia referida en la prensa como *A Fourfooted Waif*.

148 Referida en el periódico como *Mystery of the Kador Cliffs*.

149 Anunciada como *The Tears of Repentance*, «una de las obras maestras más maravillosas del cine» en *The Hong Kong Telegraph* (el 26 de marzo, en la novena página).

bidamente aprobadas por las Autoridades Militares y Coloniales». Sólo aparecen en la prensa en inglés otros dos escenarios, el Bijou Scenic Theatre y el Theatre Royal, el primero de ellos, también cine[150], aunque suela contar con títulos de menor calado que los del Victoria, que, por su parte, no abandona el vodevil en abril, con la actuación de la artista inglesa Miss May Yohe.

Junto a las películas de guerra y los noticieros, también centrados en la contienda, los seriales de suspense, entre ellos el fundacional *What happened to Mary*, y las comedias protagonizan el mes, que sigue siendo predominantemente europeo en lo cinematográfico, pese a la ausencia de cine danés.

Título	Año de Producción	País de origen	Director	Intérpretes	Productora
The Mystery Of The £500.000 Pearl Necklace[151]	1913	Reino Unido	Harold Heath	Harold Heath	ACL Feature Films
Pathé's British Gazettes	1915	Reino Unido		(Película documental)	Pathé Frères
Bill's Stratagem[152]	1915	EE. UU.	Bruce M. Mitchell		Santa Barbara Films
What happened to Mary	1912	EE. UU.	Charles Brabin	Mary Fuller y Marc McDermott	Edison Company
Sherlock Holmes	1913	EE. UU.	Lloyd Lonergan	Harry Benham y Charles Gunn	Thanhouser Film Co.

• • • • • • • • • • • • • •

150   Coincidiendo con el informe de Clarke Irvine en *The Moving Picture World*, el 1 de marzo de 1914, pág. 935, «Chinese Photoplays». Según Irvine eran dos los cines en Hong Kong, aunque en ocasiones el teatro mayor (sin duda el Theatre Royal) se sumaba al espectáculo con la proyección de películas americanas.

151   Proyectada en noviembre de 1914 en el Olympic de Shanghái y en el Victoria de Shanghái en diciembre.

152   El anuncio la llamaba *Beel's Startagem*, con una errata en el sustantivo que de alguna manera hace más probable el error en el nombre propio. Según IMDB, *Billy's Stratagem* se habría estrenado el 22 de febrero de 1915 en EE. UU., lo que representaría un traslado verdaderamente rápido a la colonia británica. Otra opción es que se tratara de alguna de las películas francesas e italianas con un título de estructura similar a *Beel's Stratagem*, como *Le Stratageme de Cissy* (1913), *Le Stratageme de Gontran* (1913), o *Lo Stratagemma di Cuttica*, también conocida como *Bidoni's Stratagem* (1914), de productoras más habituales en el Victoria como la Pathé o la Cines italiana.

Retaggio d'odio[153]	1914	Italia	Nino Oxilia	Maria Carmi y Augusto Matripietri	Cines
Il Principe Mendicante[154]	1913	Italia	Ubaldo Maria del Colle	Alberto Capozzi y Emilia Vidali	Pasquali e C. italiana
Sur les champs de bataille de l'océan[155]	1915	Francia			Pathé Frères
Max Linder's elopement		Francia	Max Linder	Max Linder	Pathé Frères
Rocambole[156]	1913	Francia	Georges Denola	Gaston Sylvestre y Jean Aymé	Pathé War Films
The Poison Tree[157]	1913	Francia			S.C.A.G.L. (Pathé)
Gaumont Graphics	1915	Francia		(Película documental)	Gaumont

Mayo

En mayo aumenta el número de películas americanas, netamente estadounidenses, localizadas, y especialmente el número de proyecciones de cine estadounidense, en este particular, en buena medida por el estreno de *The Perils of Pauline* y la recurrencia en programar el serial hasta bien entrado el mes de julio. La serie, de exóticas aventuras, se publicitaba mediante la intrigante pregunta «¿Cómo terminará todo, esa es la ?». Como se detalla en el capítulo dedicado a Macao en este trabajo, Hertzberg la había exhibido en Shanghái poco antes de que Ramos la llevara

• • • • • • • • • • • • • •

153 Probablemente sea este filme italiano el que *The Hong Kong Telegraph* anunciaba como *Mortas the Death Sower*. *Retaggio d'odio*, se llamó en Reino Unido *The Inheritance of Hate*, como en Shanghái, donde se proyectó en el Victoria y antes en el Olympic, en octubre de 1914.

154 Anunciada como *The Beggar Prince*.

155 *On the Ocean Battlefields*, según los anuncios en la prensa local.

156 Anunciada como *Rocombol*, pudiera tratarse del mismo capítulo exhibido en marzo o de otro episodio de la serie. No listamos en la tabla, en cambio, otros títulos ya proyectados con anterioridad, ni lo haremos en lo sucesivo, aunque sean nuevos capítulos de la misma fotonovela.

157 *The Poisoned Tree* en el anuncio del diario. El British Film Institute no aporta mayores datos sobre la película (http://explore.bfi.org.uk/4ce2b7598404c). Existe una película estadounidense de título muy similar, *Poison Ivy*, también de 1913, dirigida por Harry Fetterer, pero aparece en todas las bases de datos como producida por la Selig Polyscope Company.

a Hong Kong, de donde al poco saltaría también al Vitória de Macao. La abundancia de comedias es así mismo notable, ya sean estadounidenses (Keystone) o francesas (Rigadin/Wiffles o Max Linder), al tiempo que, más allá de los noticieros, no encontramos cine bélico. Sí tuvo lugar, no obstante, un Gran Concierto Militar a mediados del mes, espectáculo que se sumó a los de la ya conocida Miss May Yohe y The Three Carsons, como nombres señalados entre los «artistas varios» anunciados en la prensa local en el escenario del Victoria.

Título	Año de Producción	País de origen	Director	Intérpretes	Productora
Den Hemmelige Minegang[158]	1911	Dinamarca	Viggo Larsen	Viggo Larsen y Rigmor Jerichau	Nordisk Film
Keep your eye on your nephew[159]	1915				
The War Makers	1913	EE. UU.	Maurice Costello	Maurice Costello y Mary Charleston	Vitagraph
Love & Vengeance[160]	1914	EE. UU.	Henry Lehrman	Ford Sterling y Emma Bell Clifton	Sterling y Universal
As you like it	1912	EE. UU.	J. Stuart Blackton	Maurice Costello y Rosemary Theby	Vitagraph
The Under Sheriff	1914	EE. UU.	George Nichols	Roscoe «Fatty» Arbuckle y George Nichols	Keystone
The Winking Parson	1912	EE. UU.		C. Jay Williams	Edison

• • • • • • • • • • • • • •

158 Mystery of the Underground Floor, según el anuncio del Victoria en The Hong Kong Telegraph.

159 El único dato, además del carácter cómico de la cinta, apuntado por el British Film Institute y también mencionado en los anuncios contemporáneos en prensa, es que se fecharía en 1915 según la base de datos del instituto británico.

160 El anuncio indicaba que era una producción Keystone, pero no hemos encontrado ningún título asimilable de esa productora y sí en cambio esta película de la Universal y la Sterling.

Los Peligros de Paulina	1914	EE. UU.	Louis J. Gasnier y Donald MacKenzie	Pearl White y Crane Wilbur	Pathé Frères
Grand Dad	1913	EE. UU.	Jay Hunt	Mildred Harris y Frank Borzage	Broncho Film Company
Trop Riche[161]	1914	Francia			Pathé Frères
Pathé Gazette	1915	Francia		(Noticiero documental)	Pathé Frères
The Perils of the Atlantic	1912	Francia			Gaumont
Le Tourment[162]	1912	Francia	Louis Feuillade y Léonce Perret	René Navarre	Gaumont
Comedias de Max Linder		Francia	Max Linder	Max Linder	Pathé Frères
Wiffles in a marriage tangle	1913	Francia	Georges Monca	Charles Petitdemange	Pathé Frères
Amore e Automobilismo[163]	1913	Italia		Leda Gys y Alberto Collo	Cines
La principessina di Bedford[164]	1914	Italia	Roberto Roberti	Giuseppe de Witten y Frederico Elvezi	Aquila Films
At hands grips with death	1913	Reino Unido	H.O. Martinek	Norman Yates y Marie de Albert	British & Colonial Kinematograph Company

Junio

A partir del día 14 de junio, el Victoria contaría con la orquesta dirigida por el Profesor Gonzales para acompañar sus espectáculos,[165] que

• • • • • • • • • • • • • •

161 Too Rich en el anuncio en la prensa.

162 The Torment en la publicidad en la prensa.

163 Se anunciaba como Love & Motor en Hong Kong.

164 Little Princess of Bedford en la publicidad.

165 Vid. The Hong Kong Telegraph, 14 de junio de 1915, pág. 10.

en este mes serían principalmente películas europeas, aunque también entren en el programa, por ejemplo, el actor mago Albert Morrow y su «Casa Encantada». Entre las películas de detectives y las comedias y noticieros franceses, destaca una ya anunciada a principios del mes, «la gran película de los deportes Olímpicos en Shanghái» *The Far Eastern Olympic Games*, que mostraba «todos los eventos principales» con «escenas de gran interés local y excitantes llegadas a meta».[166] Es posible que Pathé enviara algún camarógrafo a Shanghái y luego distribuyera las imágenes por el sur, pero no hay ninguna mención a la empresa francesa, ni a ninguna otra, en las notas sobre la cinta en los diarios. Se trata en todo caso de una película china en temática y lugar de rodaje, lo que ya de por sí la hace destacable. No es en absoluto descartable que fuera un socio de Antonio Ramos el realizador (Lauro, Goldenberg) aunque ciertamente en Shanghái fue el Apollo de Hertzberg (y luego su otra pantalla, el St. George's) el encargado de su exhibición, acompañando, por cierto, a *The Perils of Pauline*.

Mientras, vemos que el Bijou anuncia la detectivesca *Satanasso* (Achille Consalvi, 1913), que en Shanghái había proyectado Hertzberg, en un ejemplo más de la conexión entre el cine de Stephenson y el empresario ruso.[167]

Título	Año de Producción	País de origen	Director	Intérpretes	Productora
Harry the Swell	1915	Reino Unido	O. H. Martinek	O. H. Martinek e Ivy Martinek	Big Ben Films-Union
American Born	1913	EE. UU.	Lorimer Johnston	Sydney Ayres y Vivian Rich	American Film Manufacturing Company
Absinthe	1914	EE. UU.	Herbert Brenon y George Edwardes-Hall	King Baggot y Leah Baird	Independent Moving Pictures Co. of America

• • • • • • • • • • • • • • •

166 *The Hong Kong Telegraph*, 23 de junio de 1915, pág. 9.

167 Lo cual era más que una casualidad. *Variety* señalaba en diciembre de 1913 que algunos de los espectáculos del Apollo de Shanghái se trasladaban al Bijou de Hong Kong, constatando lo que hemos podido apreciar en las respectivas carteleras, por lo que debía de existir un contrato o acuerdo al respecto entre Stephenson y Hertzberg. (vid. «Small Time in Far East» en *Variety*, 5 de diciembre de 1913, pág. 8).

Kit Carson on the Santa Fe Trail[168]	1910	EE. UU.			Kalem Company
I casi della vita[169]	1912	Italia		Vittorio Rossi Pianelli y Marguerita Roselli	Il Film d'Arte italiana/Série d'Art Pathé Frères
Wiffles Gets a Divorce	1915	Francia	Georges Monca	Charles Petitdemange	Pathé Frères
Wiffles has a lucky escape	1916[170]	Francia	Georges Monca	Charles Petitdemange y Henri Collen	Pathé Frères
Wiffles at the Hydro	1915	Francia		Charles Petitdemange	Pathé Frères
Her Mistaken Choice[171]	1913				Pathé Frères
Pathe's Animated Gazette	1915	Francia		(Noticiero documental)	Pathé Frères
The Far Eastern Olympic Games	1915	China			

Julio

Tras analizar el cartel del cine Victoria durante siete días distribuidos por todo el mes, la tabla elaborada para el mes de julio solamente cuenta con siete títulos, una vez descartadas las películas ya proyectadas con anterioridad. Esta escasez viene dada en cierta medida por la frecuencia en los programas de dos seriales ya conocidos, *Sherlock Holmes* y *The Perils of Pauline*, que culminó el día 23 su asidua presencia en la pantalla del Victoria con una función con música a cargo del profesor Gonzales a

• • • • • • • • • • • • • •

168   Atribución plausible del título consignado en los anuncios en la prensa, *On the Santa Fe Trail*.

169   *The Ways of Life*, de acuerdo con la prensa local.

170   El título original sería claramente *Rigadin l'échappe belle*, que la Filmographie Pathé de la página web de la Foundation Jérôme Seydoux (http://filmographie.fondation-jeromeseydoux-pathe.com/17491-rigadin-l-chappe-belle) marca como estrenada en 1916. No hemos podido localizar la película en otra filmografía, con lo que no podemos corregir adecuadamente el error en la fecha.

171   En mayo de 1914 se anuncia en el Palladium de Singapur (*The Straits Times*, 18 de mayo de 1914, pág. 11).

beneficio del fondo para las inundaciones de Cantón con precios elevados, entre 1 y 2 dólares, y entradas reducidas para soldados y marineros. Además, las abundantes cintas de la Pathé se anuncian con frecuencia con los genéricos *Pathe's Gazettes*, *Pathe's Comical* y *Pathe's Historical*, que no han permitido su inclusión en nuestra lista.

Destaca este mes la disyuntiva existente en tres de los títulos encontrados a la hora de identificarlos con películas recogidas en las principales bases de datos. Uno de los posibles títulos, la alemana *Die Sufragette*, con la muy popular en Shanghái Asta Nielsen, podría parecer de dudosa atribución por su nacionalidad, pero existen más casos de películas germanas proyectadas durante este año en Hong Kong. El único título italiano del mes, escasez excepcional a lo largo de este 2015, *For the Sake of the Throne*, se estrenaría en Macao dos meses después, en el teatro de los Ramos.

Título	Año de Producción	País de origen	Director	Intérpretes	Productora
De fire djævle[172]	1911	Dinamarca	Alexander Christian, Robert Dinesen, Alfred Lind y Carl Rosenbaum	Robert Dinesen	Kinografen
The Letters of the Law	1915				Exclusive Pathé
For the Sake of the Throne (Un Trono en Juego / Alla Conquista di un Trono)	1913 / 1914	Italia	¿? / Ubaldo Maria del Colle		Aquila / ¿?
In the Clutches of the Gang	1914	EE. UU.	George Nichols	Ford Sterling y Rosco 'Fatty' Arbuckle	Keystone

· · · · · · · · · · · · · ·

172 *The Four Devils*, según *The Hong Kong Telegraph*.

Título	Año de Producción	País de origen	Director	Intérpretes	Productora
The Suffragette (Die Suffragette / The Suffragette)	1913	Alemania / EE. UU.	Urban Gad / Marshall Stedman	Asta Nielsen y Max Landa / William Duncan y Myrtle Stedman	PAGU / Selig Polyscope Company
A Criminal's Repentance (Sonad Skuld / The Redeemed Criminal)	1915 / 1911	Suecia / EE. UU.	Victor Sjöström /	Lili Beck y Gustaf Callmén	Svenska Biografteatern AB / Essanay Film Manufacturing Company
Pathé's British Gazette (The Mobilising of Women, Trench Cookery, Russian Artillery in Action)	1915	Reino Unido			Pathé Frères

Agosto

Un mes dominado por los títulos franceses, todos ellos de la Pathé, a los que habría que sumar las *Gazettes*, así anunciadas, que hemos de suponer también de esta casa francesa. El cine estadounidense encuentra su única representación en las comedias de la Keystone, que se anuncian sin título específico. Destaca una cinta alemana, no obstante la Guerra Mundial.

«No se entiende qué está haciendo el Victoria —leen sus anuncios, que se responden a la incógnita— ¿Cómo! Variedad, Placer y Pathos».[173]

Título	Año de Producción	País de origen	Director	Intérpretes	Productora
Dopo la Morte[174]	1913	Italia	Giulio Antamoro	Hesperia y Luciano Morinari	Cines

• • • • • • • • • • • • • •

173 «There is no Understanding What the Victoria is doing: Why! Variety, Pleasure, and Pathos» (por ejemplo, el 20 de agosto, en la novena página).

174 La publicidad en la prensa anunciaba *His After the Death*.

Passione Fatale[175]	1913	Italia			Società Anonima Ambrosio
Eve; Eva / Arme Eva	1913 / 1914	Alemania / Alemania	Curt A. Sark / Robert Wiene	Henny Porten y Harry Liedtke / Erna Morena y Emil Jannings	Messters Projektion GmbH / Messter Film GmbH
The Great Naval Battle off the Falkland Islands	1914				
Send Me Your Wife					Pathé Frères
Pathé's Famous Gazette	1915	Francia			Pathé Frères
The Child Killers[176]	1914	Francia			
Wiffles Mascot Umbrella		Francia	Georges Monca	Charles Petitdemange	Pathé Frères
Max Wishes He Had Not		Francia	Max Linder	Max Linder	Pathé Frères
Le Calvaire d'une reine[177]	1914	Francia	Ferdinand Zecca y René Leprince	René Alexandre, Gabriel Signoret y Gabrielle Robinne	Pathé Frères
Rigadin entre deux flammes[178]	1912	Francia	Georges Monca	Charles Petitdemange y Amélie Diéterlé	Pathé Frères
Pathé Gazette	1915	Francia		(Noticiero Documental)	Pathé Frères

• • • • • • • • • • • • • •

175   Según el anuncio, *The Fatal Passion*.

176   Un episodio de la invasión de Francia en 1914 hecho por encargo del Gobierno francés.

177   Según el anuncio, *A Queen's Love*.

178   *Wiffles Has Two Engagements*, según la publicidad en prensa.

A Night out[179]: A Night out / Haegt Mig i Ryggen	1915 / 1914	EE. UU. / Dinamarca	Charles Chaplin / Sofus Wolder	Charles Chaplin y Ben Turpin / Frantz Skondrup y Oluf Billesborg	Essanay Film Manufacturing Company / Nordisk

Septiembre

En septiembre los seriales presiden la programación del Victoria, acompañados por comedias francesas (tanto de Wiffles como de Max Linder, aunque hayamos excluido de la tabla aquellas sin título especificado) y estadounidenses. Por primera vez al menos en 1915, se utiliza el nombre de Chaplin para vender sus películas con la Keystone. Junto a algún veterano, como *Sherlock Holmes*, se estrena el serial de aventuras e intriga *Lucille Love, the Girl of Mystery*, semanas después de su triunfo en Macao, que se había convertido en la cinta estrella de la primavera en Shanghái. Tal es así que en Hong Kong la proyectan simultáneamente el Victoria y su único contendiente cinematográfico, el Bijou Scenic Theatre.

Se proyecta también una gran película de la Gran Guerra, *The Great War: 1914 -1915*, aprobada previamente, según se especifica, por las autoridades militares francesas, en esta ocasión.

Los anuncios del cine Victoria nos proporcionan un nombre popular del teatro, si bien pudiera haberse buscado simplemente la rima elaborando el diminutivo: «Hullo is that You Bill? Yes. Don't forget we must go to the Vic. and See...»[180] («Aló, ¿eres tú, Bill? Sí. No olvides que hemos de ir al Vic. y ver...»). Se aúnan cine y teléfono, identificándose Victoria, modernidad y exclusividad, en una ciudad de tan reducido tamaño y poca extensión de las líneas telefónicas, más necesarias de lo esperable por la mala calidad del transporte en la plaza.[181] A un tiempo,

• • • • • • • • • • • • • •

179 No es posible determinar cuál de las dos películas se proyectó, pues no hay mayores referencias en la prensa y son homónimas, aunque la cinta de Chaplin podría salirse de las apuestas por lo modesto e impreciso de la publicidad tratándose de un gran favorito en China como Chaplin y por lo reciente de su estreno en Occidente; esto último no sería determinante porque IMDB habla de febrero de 1915 como fecha de la primera proyección americana. Comprobamos en el mes de septiembre que la proyección de dos cintas de Charles Chaplin se publicita con una mención especial al actor británico, «Charles Chaplin Keystone's Great Comedian».

180 *The Hong Kong Telegraph*, 6 de diciembre de 1915.

181 Vid. el antes mencionado informe del vicecónsul estadounidense Carleton en «Moving Picture Shows in the Far East», *The Moving Picture World*, oct-dic de 1914, pp.79-80.

se asimila Victoria, al fin y al cabo, el nombre de la reina inglesa, a angli-cidad, pese al reducido número de ingleses y otros «Bills» en el censo de la colonia.

Como novedad, el Victoria publica un programa de fin de semana que anuncia como «el Mayor Programa nunca producido en el Victoria».

Título	Año de Producción	País de origen	Director	Intérpretes	Productora
Calamity Anne in Society	1914	EE. UU.	Thomas Ricketts	Louise Lester e Ida Lewis	American Film Manufacturing Company
The Fatal Mallet	1914	EE. UU.	Mack Sennett	Charles Chaplin y Mabel Normand	Keystone Film Company
Twenty Minutes of Love	1914	EE. UU.	Mack Sennett	Charles Chaplin y Minta Durfee	Keystone Film Company
Lucille Love, the Girl of Mystery	1914	EE. UU.	Francis Ford	Grace Cunard y Francis Ford	Universal Film Manufacturing Company
Billy's Bugle	1908	Reino Unido	David Aylott		British & Colonial Kinematograph Company
The Great War 1914-15				(Documental)	Pathé Frères
Tingel & Tragedy	1914	Francia	Ferdinand Zecca y René Leprince	René Alexandre y Gabrielle Robinne	Pathé Frères
Wiffles & the Unwritten Law	1915	Francia	Georges Monca	Charles Petitdemange	Pathé Frères
Max coiffeur par amour	1915	Francia	Max Linder	Max Linder	Pathé Frères

Octubre

No hemos hallado novedades procedentes de Estados Unidos en oc-tubre, más allá de la exitosa *Lucille Love*, que ocupa buena parte de los programas de la primera mitad de octubre, tanto en el Victoria como en el Bijou, y comedias no especificadas de la Famous Keystone. Se proyecta la última semana del mes la cinta, que no hemos sabido identificar, *The Inventor's Rivalry*, que ya vimos en Macao un mes antes.

Además de los noticieros y las referencias bélicas de varios de los títulos proyectados, el recuerdo de la Guerra se mantiene vivo con la Gran Noche de la Cruz Roja, que contaría con un «Gran Programa Naval». Como apoyo a este espectáculo extraordinario, la empresa de tranvías aprobó la ampliación del servicio esa noche.[182]

Otros espectáculos, como el de Miss May Clarke, completaban el contenido puramente cinematográfico de la cartelera.

Título	Año de Producción	País de origen	Director	Intérpretes	Productora
The False Wireless	1914	Reino Unido	H.O. Martinek	H.O. Martinek e Ivy Martinek	Big Ben Films-Union
Pathe's British Gazette	1915	Reino Unido			Pathé Frères
Une Intrigue à la Cour d'Henry VIII d'Angleterre[183]	1911	Francia	Camille de Morlhon	Henri Etiévant y Auguste Volny	Pathé Frères
Honesty	1913	Francia			Pathé Frères
Wiffles in Love and War	1915	Francia	Georges Monca	Charles Petitdemange	Pathé Frères
Nick Winter in the Wild West	1914	Francia	Paul Garbagny	Georges Vinter	Pathé Frères
For Honour and Country	1915	Francia			Pathé Frères

Noviembre

Noviembre destaca por el gran número de títulos publicitados, muchos de ellos, estadounidenses, incluida la película de Chaplin *The Tango Tangle*, proveniente de Macao. Predominan las comedias y la guerra parece darse un respiro, como ejemplifica la llegada a mediados de mes de la

· · · · · · · · · · · · · · ·

182 Unos meses antes se había añadido un barco nocturno a Kowloon a los mismos efectos con motivo de una gala patriótica en el Victoria. El anuncio aquí adjunto pertenece a *The Hong Kong Telegraph* de 20 de octubre de 1915, pág. 10.

183 *Court Intrigue* en los anuncios en prensa.

cinta *Midnight at Maxim's*, «Girls, girls, nothing but girls», claman los anuncios en los diarios locales.[184]

Título	Año de Producción	País de origen	Director	Intérpretes	Productora
A Leech of Industry	1914	EE. UU.	Oscar Apfel	Irving Cummings y Pearl Sindelar	Pathé Frères
In the Grip of a Villain	1914	EE. UU.	Allen Curtis	Max Asher y Louise Fazenda	Universal Film Manufacturing Company
When Rome Ruled	1914	EE. UU.	George Fitzmaurice	Nell Craig y Clifford Bruce	Pathé Frères
Les Cendres du Bonheur[185]	1915[186]	EE. UU.			Pathé Frères
Property Man	1914	EE. UU.	Charles Chaplin	Charles Chaplin y Phyllis Allen	Keystone Film Company
The Three Bachelor's Turkey	1912	EE. UU.		Crane Wilbur y Joseph Levering	Pathé Frères
The Flight that Saves	1915	EE. UU.		Crane Wilbur y Olivia Handworth	Pathé Frères
A Suspended Ordeal	1914	EE. UU.	Roscoe 'Fatty' Arbuckle	Roscoe 'Fatty' Arbuckle y Minta Durfee	Keystone Film Company
The Tango Tangle	1914	EE. UU.	Mack Sennett	Charles Chaplin y Roscoe Arbuckle	Keystone Film Company
The Web	1913	EE. UU.	Ralph Ince	Anita Stewart y Rosemary Theby	Vitagraph
The Mistake of Her Life	1914	EE. UU.			American Kinema

• • • • • • • • • • • • • •

184 «Chicas, chicas, nada más que chicas». Se trata de una película estadounidense de 1915 dirigida por George L. Sargent, de la Kalem Company.

185 *Ashes of Happiness* en el anuncio de la prensa.

186 Según la Fondation Jerome Seydoux-Pathé, en línea en http://filmographie.fondation-jeromeseydoux-pathe.com/17098-cendres-du-bonheur-les. Según IMDB, de 1913.

The Three Mile Limit	1914	Reino Unido			Britannia Films y Pathé Frères
The Sporting Chance	1913	Reino Unido	Edwin J. Collins	Una Tristam y Lionel d'Aragon	Cricks & Martin Films
With the Algerian Troops	1915				Pathé Frères
Snow Sports in Switzerland	1913	Italia			Itala Film
Fascination[187]	1913	Francia	Gérard Bourgeois	Jean Toulout y Maurice Vinot	Éclair
Wiffles and the Manicure Girl	1915	Francia	Georges Monca	Charles Petitdemange y Clo Marra	Pathé Frères
La Seconde Mère[188]	1915	Francia	Andrée Divone y María Fromet (La Petite Fromet)		Pathé Frères

Diciembre

La cartelera analizada del mes de diciembre destaca por la abundancia de películas, que no viene dada por el análisis de un número de días superior, sino por la mayor especificidad de títulos en los anuncios en la prensa y la disminución de los episodios de seriales y cintas ya exhibidas con anterioridad. El predominio europeo, francés y de la Pathé, incluso con películas de otras nacionalidades, continúa. Al haber más títulos también nos hemos encontrado con mayor número de películas que no hemos podido identificar con precisión, entre ellas, las bélicas *The French in the Trenches of Notre Dame* y *The Black Sea Fleet*,[189] que no hemos incluido en la tabla, y *Joan of Arc*, probablemente de la Pathé,

• • • • • • • • • • • • • •

187   Estrenada en enero en este mismo cine, la incluimos por el interés que tiene comprobar que fue repuesta casi un año después de su estreno.

188   *The Stepmother* en los anuncios en la prensa.

189   *Los Franceses en las Trincheras de Notre Dame* y *La Flota del Mar Negro*, que describía el bombardeo ruso de la costa turca, entre otras operaciones militares.

dado lo habitual de las producciones de esta casa durante todo el año en el Victoria y en la colonia por extensión, donde tenía oficina.

Destacaremos una de las cintas de la Pathé, *Le Talisman du Chemineau*, en buena medida española, dada la importancia de su director, Segundo de Chomón, en sus realizaciones.

Como puerto comercial y militar que era Hong Kong, cada vez más un lugar de conexión para todo el sureste asiático, encontramos algunas de estas películas tanto en Shanghái (no necesariamente en los cines de Ramos, *Rigadin célibataire* provenía del Apollo Theatre)[190] como en países tan lejanos como Australia, parte también, como sabemos, de algunos circuitos asiáticos de vodevil.[191] Esta presencia en la cartelera de Shanghái, ciudad nuclear para el cine en China, nos ha ayudado a identificar tres películas (*Joan of Arc, An Uncle from America* y *The Champion*) que compartían cartel en el Victoria hongkonita y sin embargo se proyectaron en tres distintos programas a lo largo de dos meses en los cines de Ramos del gran puerto chino. También comprobamos que existe transferencia de cintas del Victoria al Bijou, más allá de su rivalidad (lo cual pudiera deberse tanto a un subarriendo por parte de Ramos como a un nuevo alquiler de la casa distribuidora a otros cines o la llegada de nuevas o mejores copias que la ya proyectada y su consiguiente oferta a estas salas): en diciembre se proyecta en este último *Fantomas*, antes, como se vio, protagonista en el Victoria.

Por otro lado, las actuaciones teatrales, de vodevil y variedades se reducen este mes al espectáculo del Jefe Hailstorm (traducible como Pedrisca), un indio cheroqui auténtico supuestamente que interpreta canciones indias y danzas guerreras bajo el título aglutinante de *The Great Indian and U. S. Wars*.

Tampoco faltan las actividades promocionales que tan a menudo marcaron la diferencia entre Ramos y Cia. y los demás empresarios. En Nochebuena, además de organizar una matiné especial, anuncian regalos para los espectadores con motivo de la festividad.

· · · · · · · · · · · · · ·

190 La vemos así anunciada en *The North China Daily News* de 17 de noviembre de 1915 en la página 4.

191 Vemos por ejemplo *From Circus to Race Course*, película coloreada de la Pathé, en Australia dos años antes. Además de los circuitos asiáticos de artistas europeos o australianos, existían así mismo giras de artistas estadounidenses que comprendían también Oceanía. Por ejemplo, *The New York Clipper* informaba el 10 de mayo de 1913 (pág. 2) en «Valdare's Letter» de la gira realizada por la compañía de ciclistas Valdare durante tres años, que comenzó en Honolulu y prosiguió a continuación por Australia, Nueva Zelanda, Java, India, Siam, Cochinchina, Filipinas, China y Japón.

Título	Año de Producción	País de origen	Director	Intérpretes	Productora
Aevneren[192]	1915	Suecia	Maurice Stiller	Gustaf Callmén y Tyra Dörum	AB Svenska Biografteatern
Thou Shall Not Flirt[193]	1915	EE. UU.	Henry Lehrman	Billie Ritchie y Henry Lehrman	L-KO Kompany
The Spy	1914	EE. UU.	Otis Turner	Herbert Rawlinson y Edna Maison	Universal Film Manufacturing Company
A Friend of the Family	1913	EE. UU.		Iva Shepard y Robert Z. Leonard	Rex Motion Picture Company
The Golf Game and the Bonnet[194]	1913	EE. UU.	George D. Baker	John Bunny y Flora Finch	Vitagraph Company
The Eye of a God	1913	EE. UU.	Joseph A. Golden	Wallace Reid y Octavia Handworth	Pyramid Film Company
When the Earth Trembled	1913	EE. UU.	Barry O'Neil	Harry Myers y Ethel Clayton	Lubin MFG Co.
The Champion[195]	1913	EE. UU.	Henry Lehrman	Mabel Normand, Henry Lehrman	Keystone Film Company
The Call of Blood[196]	1913	EE. UU.	Fred E. Wright		Pathé Frères
A Dutch Love Story	1913	Francia	Albert Capellani	Henri Rollan y Henri Etievant	Pathé Frères

• • • • • • • • • • • • • • •

192 El título consignado en la prensa local era *The Avenger*. Existe otra posible identificación, con una desconocida película italiana homónima de 1914 sobre la que carecemos de mayores referencias. Existe otra posible identificación, con una desconocida película francesa homónima de 1913 de la Éclair de la que ignoramos mayores detalles. Existe otra posible identificación, con una película estadounidense de 1914 de la que únicamente conocemos que fue producida por la Vitascope.

193 En realidad, el título anunciado fue *A Warning to Flirts*, que hemos identificado de esta manera.

194 En la prensa se denomina *John Bunny in a Game of Golf*.

195 *A Champion Just the Same*, en los anuncios de *The Hong Kong Telegraph*.

196 *The Voice within* es el título anunciado.

Wiffles in the Riviera		Francia		Charles Petitdemange	Pathé Frères
Saved by His Victim	1914	Francia			S.C.A.G.L., Société Cinématographique des Auteurs et Gens de Lettres –Pathé–
Wiffles a Confirmed Bachelor (Rigadin célibataire)	1915	Francia	Georges Monca	Charles Petitdemange	Pathé Frères
Sauvons les Meubles[197]	1915				Pathé Frères
Max sees life		Francia	Max Linder	Max Linder	Pathé Frères
Babes in the Wood	1913	Francia			Pathé Frères
The Final Turn	1915	Francia		Stacia Napierkowska	Pathé Frères
From Circus to Race Course	1913	Francia			Pathé Frères
A Xmas Problem	1912	Francia			Pathé Frères
Le talisman du chemineau[198]	1911	Francia	Segundo de Chomón		Pathé Frères
The Clue of the Cigar Band	1915	Reino Unido	H.O. Martinek	H.O. Martinek e Ivy Martinek	Big Ben
Pathe's British Gazette	1915	Reino Unido			Pathé Frères
An Uncle from America[199]	1913		Italia		Itala Film

• • • • • • • • • • • • • •

197   En la prensa se denominó *Saving the Furniture*.

198   Con toda probabilidad es este el nombre original de la «película de hadas en color» («a fairy picture in colours») publicitada en la prensa de Hong Kong bajo el título de *The Talisman*.

199   *Poor Old Uncle* en los anuncios del *The Hong Kong Telegraph*, título que no hemos podido encontrar en las bases de datos. Por la coincidencia en los programas de los cines de Shanghái de Antonio Ramos

Il re della moda[200]	1914	Italia		Giuseppe Gambardella y Lorenzo Soderini	Cines
Cinessino e la pipa del Nonno[201]	1914	Italia		Eraldo Giunchi y Lea Giunchi	Cines
Il giglio nero[202]	1913	Italia		Augusto Mastripietri y Attilio d'Anversa	Cines
Un intrigo a Corte[203]	1913	Italia	Giulio Antamoro	Hesperia y Luciano Molinari	Cines
Joan of Arc[204]	1913 ó 1914	Francia o Italia			¿Pathé Frères?

4.2.2. Resultados

Observamos que de las 149 películas incluidas en las tablas, 53 ó 54 son francesas (un 36 % del total), entre 44 y 47, estadounidenses (29 % a 31 %), 21 ó 22, italianas (un 14 % - 15 %), 13, británicas (menos de un 9 % del total), 10 u 11, danesas (un 7 %), 2 ó 3 alemanas, 1 ó 2 suecas y una, china. El cine norteamericano crece con el año y el nórdico decae. No obstante, cerca del 10 % de las cintas son escandinavas (con gran concentración en ciertos meses), sin que se incluyan en este grupo las comedias, seriales e informativos frecuentes entre los títulos de otras naciones mayoritarias. De haber contabilizado el número de proyecciones efectuadas de películas de cada país, aumentaría sin duda el porcentaje de cine francés y estadounidense, países que aportan varios seriales y muchas comedias de frecuente proyección en este teatro. De hecho, la inmensa mayoría de los títulos no especificados, anunciados bajo el genérico «comedias» o «noticieros», y por ende no contabilizables, son lógicamente franceses o norteamericanos.

• • • • • • • • • • • • • •

de todas las películas incluidas en esta sesión, hemos reproducido los datos correspondientes a los títulos anunciados en Shanghái, *An Uncle From America* y *The Champion*.

200 *An Expert in Fashions* en la publicidad en prensa.

201 En la publicidad en prensa, *Grandfather's Pipe*.

202 En la prensa esta película detectivesca aparecía como *The Black Lily Gang*.

203 *When a Woman Schemes* es el título referido en los anuncios en la prensa local.

204 Imposible saber de qué versión de *Juana de Arco* se trata. Hay al menos tres francesas y una italiana entre 1913 y 1914, una de ellas, de la Pathé Frères.

Con estos datos, pueden hacerse algunas observaciones que llevan a resultados quizá sorprendentes:

— El número de películas británicas es muy reducido pese a tratarse de una colonia inglesa y a hallarse el país en guerra, necesitado de propaganda nacional. Del 9 % de títulos británicos registrados, algunas eran películas Pathé;
— Prácticamente la mitad de las cintas proyectadas fueron francesas o italianas, y un 70 % del total fue cine europeo;
— Entre el cine minoritario no hay películas españolas, más allá de una realización francesa de Segundo de Chomón. No hemos encontrado *Ana Kadova* (Fructuoso Gelabert y Otto Mulhauser, España, 1914) en Hong Kong tras exhaustiva búsqueda en los años 1914, 1915 y 1916, no obstante su distribución tanto en Macao como en Shanghái. Destaca también la existencia de una película, la de los Juegos Olímpicos de Oriente, rodada en China; y la repetida presencia de cine alemán en plena contienda mundial.

Si se comparan estos resultados con los obtenidos del análisis de la cartelera de los cines Olympic y Victoria en Shanghái en el último periodo de 1914[205] (siendo que estos últimos son mucho más exhaustivos y recogen también comparativas por número de proyecciones aquí no realizadas), es de destacar la mayor presencia de cine europeo en la colonia británica, sobre todo francés, merced a la distribución de la oficina Pathé instalada en Hong Kong. Aunque las cinematografías nórdicas están representadas en las carteleras de Shanghái, tienen mucha menor presencia que en los predios de Ramón Ramos.

Por su parte, Macao parece encontrarse a medio camino entre Shanghái y Hong Kong en lo que se refiere a los porcentajes de cine europeo y americano exhibido, pero se aprecia la misma dinámica que en Hong Kong en 1915 en el sentido de un aumento del porcentaje de películas estadounidenses según avanzaba el año.

Hay que tener en cuenta que las tablas correspondientes a los cines de Ramos & Ramos en Shanghái (Toro Escudero: 2016) se circunscriben a los últimos cuatro meses de 1914. Los efectos de la guerra deberían

· · · · · · · · · · · · · ·

[205] Véase Toro Escudero (2016).

producir una mayor diferenciación si cabe en 1915 a favor del cine estado-unidense, con lo que la divergencia entre las ciudades del sur y la capital del Huangpu debería en todo caso incrementarse de haberse escrutado también la cartelera de 1915 en los cines dirigidos por Antonio Ramos.

4.3. El cine en Hong Kong después de la Primera Guerra Mundial

Los años restantes de Guerra se sucedieron de manera similar, con abundancia de cine bélico, seriales y comedias ligeras y numerosas funciones especiales para fondos y organizaciones relacionadas con la asistencia al bando aliado en el Victoria y otras salas.

En enero de 1916 protagoniza la noche en el cine de los Ramos el espectáculo musical «Una noche con los reservistas de la policía de Hong Kong».[206] La comunión con las fuerzas vivas de la ciudad prosigue en marzo con una gala patrocinada por el mismísimo Gobernador, Francis Henry May.[207] El apoyo a la causa de la guerra se da en ocasiones fuera del ámbito de funciones especiales, quizás también como un método de promoción de los espectáculos amparándose en el patriotismo. El 25 de abril de 1916, por ejemplo, el 25 % de la entrada de la película *The Hypocrites* iría destinado a «war charities»[208] (donativos para la guerra o, más probablemente, para organizaciones benéficas relacionadas con la guerra).

La cartelera de Hong Kong continúa demostrando el circuito cinematográfico establecido en China por los empresarios españoles. Tanto Tom Melbourne and His Clever Company como *The Culprit* triunfaron en Shanghái[209] y en Hong Kong. La película fue también proyectada en Macao, como se ve en el capítulo dedicado a esta plaza. Humphrey Bishop and His London Star Artists y Pearl White en *The Exploits of Elaine* (Louis J. Gasnier, 1914) dominaron la primavera de 1916 en nada ajenos al puerto del Huangpu.

El Palisade, un cine al aire libre sito en Kowloon, se anuncia durante el verano de 1916 en la prensa anglosajona con noches musicales y películas de la Universal, bajo el lema «Amusement without discomfort»

• • • • • • • • • • • • • •

206 Vid. *The China Mail*, 26 de enero de 1916, portada.

207 El 30 de marzo. Vid. *The China Mail*, 30 de marzo de 1916.

208 Vid. *The China Mail*, 25 de abril de 1916.

209 Véase la portada en *The China Mail* el 19 de febrero de 1916.

(entretenimiento sin incomodidades), pero el mercado no sufrirá excesivas alteraciones hasta concluida la guerra mundial.

«China, Awakening, Calls to American Picture Enterprise», opúsculo aparecido el 4 de agosto de 1917 en *Motion Picture News* bajo la firma de «un hombre en contacto directo con el mercado de cine extranjero que acaba de regresar de China»,[210] da una visión de la escena en Hong Kong que sitúa la colonia fuera de los grandes circuitos de cine americano, con películas francesas anticuadas, más en la línea del anterior mundo de los nickelodeones que en consonancia con los nuevos tiempos de la cinematografía. Elogia en cambio los cines de la ciudad, que, añade, tenían buen margen de beneficio.

El análisis del vicecónsul estadounidense A. E. Carleton en el periódico *New York Times* el 11 de agosto de 1918, «"Movies" in Hong Kong», es más detallado e informativo. De acuerdo con Carleton, el optimismo predominante años atrás sobre las perspectivas de futuro del cine en la región se había demostrado poco realista; las empresas de Hong Kong no estaban haciendo dinero a causa del alto precio de las películas. Cita el Bijou y el Victoria como los dos teatros dedicados a la población extranjera, a los que habría que sumar otros cuatro orientados al público chino, que proyectaban películas de segunda mano provenientes de Manila. También alude a la frecuente visita de cinematógrafos ambulantes, que indefectiblemente perdían dinero.

Del Victoria menciona Carleton que era el mayor teatro de Hong Kong y que su supervivencia se debía a su orquesta y sus espectáculos de vodevil, pues los precios de las películas, similares a los que se pagaban por el mismo producto en Estados Unidos, estaban fuera del alcance de la inmensa mayoría de los chinos, a su vez plenamente mayoritarios en la colonia. Los precios serían los que siguen: entre 10 y 30 céntimos de peso de Hong Kong para la primera sesión en los teatros europeos (78 centavos de dólar americano por cada peso) y para las funciones de los teatros chinos; y entre 30 céntimos y 120 céntimos en las sesiones de noche de los teatros europeos.

Concluye la nota dando cuenta de la falta de productoras locales en el momento por los altos costes y la falta de formación de los trabajadores chinos, que habían hecho quebrar un intento previo sino-americano.

● ● ● ● ● ● ● ● ● ● ● ● ●

210 En la página 843.

Con la desaparición del Victoria, teatro cinematográfico de referencia de la ciudad durante una década, la situación tardó en mejorar. En 1924 abría en Queen's Road el Queen's Theatre. *The North China Daily News* hacía esta valoración de la escena teatral en la ciudad en mayo de ese año:[211] «los cines y teatros, excepto el recientemente inaugurado New Queen's Theatre, son meros remedos de salas de espectáculos».

North (1927: 16) cuenta en su informe comercial tres años más tarde nueve cines, tres de ellos, de clase alta, Queen's (el mayor, con 1070 asientos),[212] World y The Star, dedicados básicamente a la población extranjera, con boletos que costaban entre 10 céntimos de dólar oro y 1 dólar oro para las películas habituales, algo más en funciones especiales. Los demás eran cines chinos que abrían y cerraban continuamente; uno de ellos, el Tseung Lok, tenía capacidad para 1800 espectadores, según North (1927: 40). Habría que añadir ese mismo año a la lista de cines que abastecen de películas y entretenimiento a la población occidental el Lee Theatre, inaugurado el 13 de septiembre, como vemos en la prensa local, en Percival Street, que se anunciaba el 9 de septiembre en el rotativo *The China Mail*[213] como «el teatro más moderno de Oriente, para el entretenimiento europeo». Ese mismo día, la página de espectáculos de este diario incluía únicamente una columna con tres anuncios como espectáculos cinematográficos en la ciudad.

La propiedad de los cines sería china en su totalidad, y, a falta de productoras, también habría distribuidoras chinas, siendo que Hong Kong se había convertido en el centro distribuidor de cine para todo el sur de China, incluida Cantón, aunque seguía siendo una subsidiaria de Shanghái, donde se ubicaban la mayoría de las agencias estadounidenses (North, 1927: 11). Estadounidenses eran el 90% de los títulos proyectados en Hong Kong, en parte por sus bajos precios, que variaban entre los 3 y los 10 céntimos de dólar oro por pie de película.[214]

• • • • • • • • • • • • • • •

211   El 12 de mayo, en la octava página.

212   1072 según el propio North (1927: 40).

213   En la página 6. Las carteleras aquí reproducidas se publicaron en la página 12.

214   En comparación, ese mismo año de 1927, el 30 de agosto, escribía Ramos a su contacto en Nueva York, M. Klinnerman, en respuesta al interés de este por vender películas a los empresarios de Cantón (vid. *Private Copy Book*), informándole de que «alquilan normalmente películas de esta ciudad (Shanghái) y pagan entre 50 y 60 dólares por programas completos de unos 8000 pies, que conservan durante cuatro o cinco semanas y usan en varios cines». Como vemos, precios muy inferiores a los ya reducidos de la colonia británica.

5. MACAO

Según publicaba en 1957 el Senado de Macao en la obra de Joaquín Alves Carneiro *Cadastro das vias públicas e outros lugares da cidade de Macau*, la plaza era:

> Conocida en chino (cantonés) por muchos nombres, los más importantes de los cuales se citan a continuación por orden de uso: Ou Mun (澳門, Ao Men, en pinyin), Puerta de Bahía; Hou Kong (afluente de río), Hou Keang (espejo de río), Keang Hoi (mar de espejo) Keang Vu (lago de espejo), Hoi Keang (espejo de mar), Hoi Kok (estrella de mar), Lin Leong (mar de Lotus).

Vicente Blasco Ibáñez añadía en *La vuelta al mundo de un novelista* que el enclave portugués fue llamado primitivamente «Ciudad del Santo Nombre de Dios en China» y luego vio sustituido dicho título por el de *Macau*. «De origen indígena —continuaba el escritor valenciano— resultaría altamente exótica si se la pudiera trasladar de pronto a las cercanías de Lisboa. Vista aquí, después de haber visitado las principales ciudades del litoral chino, nos recuerda al antiguo Portugal y parece venir de ella una respiración lejanísima de nuestro mundo».[1]

Con presencia de portugueses desde mediados del siglo XVI, Macao había sido durante siglos el punto de entrada de occidentales, ante todo religiosos, al Imperio Chino. La adhesión de Hong Kong al Imperio Británico significó una notable caída de su importancia como puerto comercial y frontera con el territorio administrado por Pekín. Ambicionada por Londres desde un inicio —recuérdese la conocida y secreta Operación Emily por la que el director de las Aduanas Imperiales de China, el británico Robert Hart, con la intervención en España de James Duncan Campbell, su agente en Londres, intentó la intermediación del diplomático y sinólogo español Sinibaldo Mas, bien relacionado con las elites portuguesas y residente en la plaza durante mucho tiempo, en una operación de compra de la provincia portuguesa por la corona británica[2]— la cercanía de Hong Kong no sólo perjudicaría a la economía

· · · · · · · · · · · · · ·

1 *La vuelta al mundo de un novelista*, tomo 2. Biblioteca Blasco Ibáñez, Alianza Editorial. 2007, pág. 184.

2 La muerte de Mas en Madrid en 1868 frustraría la operación. Puede encontrarse en línea un buen resumen de la estratagema inglesa en el texto de João Guedes «Operação Emily: A tentativa frustrada inglesa de vender Macau» en su blog *Tempos d'oriente* (publicado el 22 de marzo de 2011 en wordpress,

de Macao, sino que impulsaría un proceso de *deslusización* de la población del enclave. En 1914, un artículo en el diario *O Progresso* lamentaba el desapego de la numerosa comunidad portuguesa de Hong Kong por su patria: «la desnacionalización de millares de portugueses se hace incesantemente y a pasos agigantados».[3] Luiz Nolasco, editor del periódico *O Macaense*, hablaba en dicho foro de los motivos de esta migración, que continuaba a principios de los años 20, y atenuaba el supuesto desapego de estos macaenses, que «siguen sintiéndose portugueses pese a haber emigrado por las miserias de la patria» y conservan, bien que modificada por el inglés, la lengua, factor fundamental para que se mantenga dicho apego.[4] Según Nolasco, en 1921 el 99 % de los portugueses de Hongkong provenían de Macao y los macaenses llevaban más de 75 años emigrando de Macao a Hongkong (donde habían ocupado el lugar de los alemanes tras la Guerra Mundial) y Shanghái, de manera que había más portugueses en esas ciudades que en Macao, a causa de la burocracia insoportable del enclave portugués: «O contraste é frisante; pode-se apalpar a quatro horas de distancia. É que em Macau a pressão da máquina governativa tudo atrofia e mata: municipio, sociedades, comercio, industria, tudo enfim definha, porque a burocracia complicada não o deixa desenvolver».[5]

En efecto, la distancia entre Macao y Hong Kong se cubría por entonces en no más de 4 horas, como certifica el mencionado Blasco Ibáñez en su periplo chino.[6] En junio de 1916, según publicaba el hongkonita *The China Mail*, el buque Chuen Chow realizaba el trayecto de ida y vuelta a Macao en poco más de 24 horas, con camarotes incluidos en los billetes de ida y vuelta.[7] La auténtica metrópolis para los extranjeros en China, Shanghái, quedaba algo más lejos pero también fue destino

••••••••••••••

recuperado el 26 de junio de 2015 de https://temposdoriente.wordpress.com/2011/03/22/operacao-emily-a-tentativa-frustrada-inglesa-de-vender-macau-22-marco-11/).

3 «A Comunidade Portuguesa de Hong Kong e A Lingua Materna», *O Progresso*, 6 de diciembre de 1914, pág. 1.

4 Vid. «A Comunidade Portuguesa de Hongkong», en *O Macaense*, 2 de enero de 1921, pág. 1. De Senna Fernandes (2010: 12) afirmaba, así mismo, en la línea de Nolasco, el gran apego de la comunidad macaense de Hong Kong a la cosa lusitana a principios del siglo XX.

5 «El contraste es sorprendente; se puede palpar a cuatro horas de distancia. Es que en Macao la presión de la máquina gubernativa todo lo atrofia y mata: el municipio, las sociedades, el comercio, la industria, todo languidece al final, porque la intrincada burocracia no le permite el desarrollo».

6 *La vuelta al mundo de un novelista*, tomo 2. Biblioteca Blasco Ibáñez, Alianza Editorial. 2007, pág. 166.

7 Entre las 5 y las 12 del día siguiente. Contaba con pasajes de primera clase, primera clase para chinos y segunda clase.

natural de la emigración de los portugueses de Macao. *O Progresso* lamentaba ese mismo 1916 que la comunidad portuguesa en Shanghái, «la tercera en número», era la única entre las principales que no tenía «ningún correo, banco ni firma comercial ni industrial, nada, en una palabra. Los portugueses de Shanghái sólo tienen... el reglamento consular, ...las multas..., y la cárcel inglesa... para los que no pueden ser huéspedes del Cónsul. ¡Y viva la Patria!», cerraba la nota.[8]

Con estas premisas, no es de extrañar que hubieran de ser dos españoles los que desarrollaran el negocio de la exhibición cinematográfica en el enclave portugués.

5.1. La llegada y primer desarrollo del cine en Macao

El tercer volumen de *História dos portugueses no extremo oriente*, editado por De Oliveira Marques[9] (2000: 641), afirma que:

> El cine llegó a Macao en fecha incierta, durante la primera década del siglo XX. Sin despertar demasiada atención fue, en el periodo que abordamos, una mera curiosidad, un exotismo —como, de hecho, había sido un poco en todas partes— que en nada alteró la vida pacata de la ciudad. Sólo después de 1910 conquistaría al público macaense, tomando vigor e importancia crecientes.

Henrique De Senna Fernandes[10] (2010: 9-11) abunda en la llegada tardía e imprecisable del cine a la ciudad:

> Casi 10 años después de su invención, cuando llegue la electricidad. Llegó la luz con la firme oposición de quienes la consideraban un derroche innecesario (...) El cine era una diversión descuidada, nada en

• • • • • • • • • • • • • • •

8 *O Progresso*, rotativo publicado en Shanghái, «Portugal em Shanghai», 14 de mayo de 1916, página 3.

9 Que a partir de ahora citaremos como De Oliveira Marques (2000). La primera edición, que no es la consultada, es de 1998.

10 Henrique de Senna Fernandes, escritor lusófono nacido en Macao y fallecido en la primera década del siglo XXI, autor del libro, publicado póstumamente en 2010 y traducido al inglés, *Cinema Em Macau*, una de las mejores fuentes en el estudio del cine en este territorio portugués, y de diversos artículos previos en revistas culturales, será, junto al volumen dirigido por De Oliveira Marques y al monográfico sobre el cine macaense publicado por el Museu de Macau en 2000 bajo la coordinación de Lai Lin Chan, como un añadido, ciertamente, a nuestro dedicado y exhaustivo expurgo de la prensa del momento conservada en las diferentes bibliotecas y hemerotecas de la ciudad, una de las principales fuentes para la redacción de este capítulo.

comparación con un espectáculo de saltimbanquis, presentado en barracones de feria, que se contemplaba con curiosidad displicente y sonrisa desdeñosa, y de la que hasta se tenía vergüenza de hablar.

Como apunta De Oliveira Marques, ya en 1886 había llegado a la ciudad una exhibición de cosmoramas y dioramas, pero el cinematógrafo y sus primos hermanos se hicieron esperar, a menos que sea cierta la afirmación de Chan (2000: 51), que no acompaña cita ni precisión alguna de la fuente de información ni del lugar o fecha exacta del acontecimiento, acerca de que «la proyección de películas fue introducida en el territorio en 1896».

No es aventurado, pues, escribir que no se tiene constancia precisa ni de las primeras proyecciones esporádicas ni del primer cinematógrafo itinerante activo en Macao. De Senna Fernandes (2010: 10) lo expresaba así: «no hemos conseguido averiguar cuándo fue inaugurado el primer cinematógrafo ni cuál fue la reacción de la población ante la primera exhibición de tan fabuloso entretenimiento». Tanto De Senna Fernandes (2010: 13)[11] como De Oliveira Marques (2000: 642), las mejores y prácticamente únicas fuentes junto a Chan (2000) en la historia del cine remoto de Macao, coinciden en identificar el cinematógrafo Chip-seng como el primer cinematógrafo documentado de la ciudad, aunque ambos basan la aserción en un anuncio publicado el 31 de diciembre de 1908 en el rotativo *A Verdade* que, como subraya De Oliveira Marques, afirma que este cinematógrafo era «o melhor dos que nesta cidade se têm exibido», «el mejor de los que se han exhibido en esta ciudad», dando cuenta de que otros lo precedieron.

El Chip-seng se ubicaba en la Rua da Caldeira (De Senna Fernandes, 2010: 13) o en Largo da Caldeira (De Oliveira Marques: 2000: 641)[12] y tenía precios muy asequibles, según el anuncio citado: 38 avos en primera clase y 8 en tercera, sin que se tenga noticia de qué sucedió con la segunda clase, para su «buena colección de cintas».

Otro cinematógrafo, también situado en el dédalo del Bazar, era el «Tin Lin» (según De Senna Fernandes) o «Tin-sin» (de acuerdo con De

••••••••••••••

11 *Nenotavaiconta* (http://nenotavaiconta.wordpress.com/, consultado en mayo de 2013), excelente blog en portugués con información exhaustiva sobre Macao, cita esta afirmación de Senna Fernandes como inclusa en su artículo —previo, claro está, a la publicación en 2010 de su libro póstumo— «O cinema em Macau. O tempo do "mudo"», publicado en *Revista de Cultura*, n.º 16, pp. 31-61, bajo patrocinio del Instituto Cultural de Macau.

12 Idéntica ubicación aportaba la primera edición, de 1998 (pp. 427, 641).

Oliveira Marques), en la Plaza de Hong Kong Mio, que, el 4 de febrero de 1909, como reporta *A Verdade* del mismo día, exhibía, amén de películas, espectáculos de prestidigitación a 10 avos la entrada de tercera clase y 50 la de primera.[13] El Tin Lin, o Tin-sin, desaparecería de la prensa de inmediato, e incluso el Chip-seng se dedicaría con prioridad a otro tipo de espectáculos no cinematográficos poco después de las proyecciones apuntadas más arriba. En junio de 1909 era el único cinematógrafo anunciado en las páginas de *A Verdade*, y en realidad lo que avanzaba era los números de un forzudo llamado H. C. Evelin que, a partir del martes 8, exhibiría «la extraordinaria fuerza muscular de que está dotado», como atestigua el hecho de que fuera capaz de levantar con un solo pie nada menos que 1200 libras.[14]

De Senna Fernandes (2010: 15) añade aun otro nombre, el Olympia, sito en la Rua do Hospital, la actual Rua Pedro Nolasco da Silva, del que sólo se conserva una vaga referencia, que en todo caso sería un mero barracón.

De Oliveira Marques (2000: 641) afirma que nada se sabe de los empresarios de estos recintos, pero que es de suponer, por los nombres y la ubicación de los espectáculos, que no se trataría de portugueses, más dados a las reuniones en casas particulares o a las funciones del Teatro Pedro V, adonde se acudía vestido de traje,[15] incomparablemente más cómodo que estos barracones, que, por lo demás, apenas se anunciaban en la prensa en portugués, quizás por no estar orientados al público de tal nacionalidad. Chan (2000: 33) relaciona el «Chit Seng» —contingente pero no necesariamente el aquí registrado Chip Seng—, del que ignora la fecha de inauguración, con Ku Ka Nam, su propietario en 1912, cuando pidió y obtuvo permiso del Gobierno para levantar un pabellón frente a los muelles internos para la proyección de películas.[16] A continuación, el pabellón fue transformado en barracas y alquilado al Gobierno, que lo compró en 1916, cuando su dueño pretendía volver a proyectar películas en el local, para reconvertirlo en un punto de registro de viajeros y, finalmente, en una comisaría de policía.

• • • • • • • • • • • • • •

13 De Senna Fernandes (2010: 13) y De Oliveira Marques (2000: 641) coinciden en este caso en el dato. No hemos podido localizar este anuncio, única referencia a este cinematógrafo.

14 Ibid. ant.

15 De Senna Fernandes (2010: 11)

16 Extrañamente, el pie de la fotografía de la concesión de este permiso, que Chan incluye en la página 11 del libro *Retrospectiva de um Século da Indústria de cinematográfia em Macau*, lo (la) data en 1913. El local para el que se pide el permiso en esta foto es el, 捷成, Jiecheng en pinyin.

Fuera o no el mismo Chip-seng, el relato de Chan da buena idea de lo precario del negocio cinematográfico en la ciudad portuguesa ya varios años después de conocido el revolucionario invento en esa plaza. Hay constancia de otras solicitudes similares al Gobierno de Macao en aquellos años,[17] sin duda por el impulso que había significado en la apreciación y demanda de películas por parte de los macaenses la apertura de los sucesivos teatros Vitória de Ramos & Ramos.

5.2. El cinematógrafo Vitória[18]

De acuerdo con De Senna Fernandes (2010: 15), el primer cinematógrafo llamado Vitória, también un barracón, fue inaugurado el 9 de enero de 1910 en el terreno donde se yergue hoy el edificio de los Servicios Técnicos Municipales en la Rua do Dr. Soares, antiguamente Rua da Cadeia, así llamada porque en el siglo XVIII se levantaba allí la prisión de la ciudad. Según el autor macaense, la cárcel, ya decrépita, fue demolida, dando paso a un terreno baldío que fue aprovechado para la instalación del susodicho barracón de cinematógrafo. De Senna Fernandes (2010: 19) concluye que:

> Si no podemos afirmar con seguridad que la primera gerencia del barracón Vitória corrió a cargo de Ramos & Cia., que explotaba su homónimo de Hong Kong, tenemos en cambio la certeza de que en 1915 era esa misma compañía la que dirigía la explotación del segundo Vitória, ahora instalado en el edificio de mampostería de ladrillo de la Rua dos Mercadores, el mismo que fue derribado para dar lugar a la mole blanca del Banco Tai Fung.

De Oliveira Marques (2000: 642) mantiene la incógnita sobre los empresarios del primero de los Vitória y añade una nueva duda, su ubicación, porque en realidad suma un nuevo Vitória a la «dinastía de cines Victoria», en sus propias palabras, previo al barracón de Rua da Cadeia.

· · · · · · · · · · · · · ·

17 Chan recoge la solicitud de Loc Hung Kuang, dueño de un grupo teatral, para ofrecer funciones en frente de la Praça da Caldeira, que fue aceptada, y la del dueño del Teatro Cheng Peng (el primer teatro de ópera de Macao, fundado en 1875), Ho Van Teng, el 28 de enero de 1915, para proyectar películas en sus instalaciones, que se aprobó en agosto de ese mismo año.

18 O Victoria. El nombre de todos los Victorias se reproduce en una u otra versión indiferentemente de la lengua en que se exprese quien lo escribe. Los anuncios en prensa contemporáneos no parecen tener un criterio claro para elegir uno u otro nombre tampoco.

Sí vincula, como De Senna Fernandes, el que ahora sería tercero de los Victorias (el propio autor alterna sin aparente motivo «Vitória» y «Victoria» como nombre de uno u otro local), «que, aunque inaugurado en fecha desconocida, funcionaba en 1915 en la Rua dos Mercadores» a la Ramos, Ramos y Cía, que sería la empresa encargada de la explotación del teatro.

Según De Oliveira Marques, el primer cinematógrafo Victoria, del que desconoce la fecha de inauguración, habría abierto sus puertas en 1909 y, aunque admite desconocer aspecto alguno sobre sus empresarios, afirma que «se podría pensar sin embargo que sería el resultado, siquiera en parte, de una iniciativa portuguesa». Tanto una como otra afirmación carecen de más base que la pura elucubración. La suposición sobre la fecha de apertura debería ser en cambio solamente una certeza sobre el año más tardío posible en que comenzara a funcionar el Victoria, pues no hay dato alguno que sustancie tal suposición. No obstante, De Oliveira Marques aporta un interesante documento, extraído del diario *A Verdade* de 25 de noviembre de 1909 que da fe de la «reciente» existencia, con toda la ambigüedad que pueda suponer este adjetivo, de un Cinematógrafo Victoria, que se erigiría como la única posibilidad de ocio para la población local:

> El único dato concreto sobre este 'Victoria' original es que tuvo una primera existencia breve: el 25 de noviembre de 1909 se leía en A Verdade que 'la monotonía que ha reinado en estos últimos tiempos en Macao, donde el reciente tifón ha privado a sus habitantes de la única distracción que se les ofrecía, arrasando el pabellón donde funcionaba el Cinematógrafo Victoria, fue finalmente interrumpida por la presencia de la Great London Vaudeville Society of Entertainments'.

Nuevamente, la elucubración sobre la breve existencia del cinematógrafo no se sustancia en modo alguno, porque desconocemos por completo cuándo habría comenzado su andadura el pabellón; como no está clara la pertinencia de su afirmación acerca de que el público portugués de Macao no se habría aficionado al cine «hasta la apertura del cinematógrafo Victoria, aún en 1909». Extrañan también la fuente principal para este descubrimiento que adelanta la penetración en Macao de «una dinastía de cines Victoria que incluía el Victoria Theatre de Hong Kong, inaugurado en 1911 con la comunidad portuguesa local, y el Vitória, el primer edificio de estructura permanente en albergar un cine en Macao» y el empeño en hacer portuguesa la compañía sin otra autoridad que el aparente deseo del autor: se ampara en un artículo de 1991 en *Revista de Cultura* de Henrique de Senna Fernandes,[19] quien años después parece haber olvidado al redactar su compendio sobre el cine en Macao este primitivo Victoria, o haberlo obviado por las muchas incógnitas que levantaba a su alrededor.

Continúa De Oliveira Marques dando cuenta del segundo Victoria, el que se erigió en el terreno de la antigua cárcel:

> En Macao, tras el tifón, no se verán películas por poco tiempo. El 9 de enero de 1910 se inauguró 'el nuevo teatro de cinematógrafo Victoria', construido sobre el terreno donde existía el edificio de la cárcel pública. Aplicar la expresión 'teatro' al pabellón de este Victoria fue una exageración del redactor, toda vez que, como el anterior, no sería más que un barracón.

Por su parte, Chan (2000: 11) da valor al barracón, al segundo Victoria, afirmando que «algo de lo que podemos estar seguros es que el primer lugar estable para la proyección de películas fue el Teatro Victoria». Su descripción del teatro nos es de interés:

> El Teatro Victoria fue inaugurado el 8 de enero de 1910 y abierto al público el día siguiente. Su dirección original fue el terreno donde había estado el edificio de la cárcel pública, que hoy en día se llama Calçada do Tronco Velho. En un inicio era una cabaña de madera, con un equipo primitivo. Al principio, cuando se proyectaban películas mudas, la pantalla se situaba en el medio. El público se sentaba en largas bancadas tanto delante como detrás de la pantalla, donde los asientos eran mucho más baratos y la película se veía del revés. Una persona se situaba junto a la pantalla y explicaba la película, porque la mayor parte de la gente no podía por entonces entender los subtítulos en inglés (...) la persona encargada de dar las explicaciones era el «explicador», que podía recrear y exagerar un poco, en ocasiones iracundo, a veces persuasivo —era muy interesante—. El nuevo Victoria Theater, situado en Avenida Almeida Ribeiro, fue construido e inaugurado en 1921.

• • • • • • • • • • • • • •

19 Henrique de Senna Fernandes, pp. 37-38. «O cinema em Macau I —O Tempo do Mudo», en *RC— Revista de Cultura*, n.° 16, Octubre/Diciembre de 1991, Macao: Instituto Cultural de Macao, pp. 31-61.

Ya habíamos visto cómo los dos principales estudios de los inicios del cine en Macao situaban, sin fecha precisable de inauguración, el tercer Victoria como cine activo en 1915, en la Rua dos Mercadores.

Existen sin embargo otras fuentes de cierta solvencia que también marcan 1921 como el año de construcción del teatro de los Ramos, el primero de la ciudad, algo siquiera extraño en fecha tan tardía. João Botas, autor del blog *Macau Antigo*,[20] solventa el problema de la tardanza en construirse un teatro cinematográfico afirmando que el cine más antiguo de la ciudad, sito en Rua dos Mercadores, fue el Cinematógrafo Vitória, inaugurado el 8 de enero de 1910. Ken Roe coincide en *Cinema Treasures*[21] en el año pero lo llama Teatro Victoria (e incluye una foto de un Teatro Vitoria de época bastante posterior) y lo sitúa en Calçada Oriental, hoy, Calçada do Tronco Velho. Añade que comenzó a proyectar películas el 9 de enero de 1910, que era un edificio de madera y fue sustituido por un nuevo Teatro Victoria en 1921 que se ubicaría, este sí, en Avenida Almeida Ribeiro, con una entrada en la angosta Rua dos Mercadores —en el número 96, según Roe—. El nuevo Victoria sería el primer cine de Macao equipado para el cine sonoro, desde el 28 de marzo de 1928. Añade Roe, como información de valor, que el Victoria original —el segundo Victoria, según nuestras cuentas, que son las de De Oliveira Marques— contaría en total 806 asientos, a ambos lados de la pantalla central. Muchos, para tratarse de un barracón, y muy específica cifra, siendo bancadas inacabables el lugar de asientos. Como vemos, los datos se cruzan y confunden aun más en estas fuentes, que aportan sin embargo algunas fotografías muy valiosas y una insistencia en la fecha de 1921 que hemos de interpretar como el momento de la remodelación del teatro original levantado por Ramos & Ramos, seguramente ya en otras manos, quizás incluso una reconstrucción. El matiz es importante a la hora de identificar las imágenes que conservamos del antiguo Victoria con el edificio de los empresarios españoles o con una posterior versión homónima.

Macau Antigo reproduce la foto más conocida del teatro, que también aparece, según comenta *Nenotavaiconta*, en la revista *Nam Van* de 1 de agosto de 1984.[22] El pie de foto en la revista indicaba que se trataba del Cinematógrafo Vitória, sito en la Rua dos Mercadores e inau-

• • • • • • • • • • • • • •

20 http://macauantigo.blogspot.com, visitado por última vez el 12 de agosto de 2013.

21 http://cinematreasures.org/theaters/32507

22 En la pág. 38, en un artículo titulado «Macau, há trinta anos, há três, e hoje». La revista está publicada por el Gabinete de Comunicación Social del Gobierno de Macao.

gurado en 1910, pero, señala el blog, la calle que aparece en la foto es la Avenida Almeida Ribeiro, que no fue abierta hasta 1915, de manera que, cabalmente, nos hemos de encontrar ante el tercer Vitória, el que De Senna Fernandes situaba en Rua dos Mercadores, edificado en ladrillo y mampostería y que permanecía abierto en 1915 (la Rua dos Mercadores desemboca en la Avenida Almeida Ribeiro).

Encontramos la misma foto en un artículo de De Senna Fernandes sobre el cine de Macao en los años 30 del siglo XX donde la identifica como «Cinematógrafo Vitória, años 30».[23]

Sabemos que el Victoria cerró en julio de 1934 y abrió de nuevo, ya renovado, en 1935 conteniendo un casino, un *nightclub* y un restaurante, y en 1938, renovado de nuevo, volvió a ser cine.[24]

Cabría, por tanto, la duda, aceptando como cierta la datación de De Senna Fernandes, contemporáneo, por lo demás, al teatro en Macao, de si la fotografía correspondería al Vitória de 1921 —supuestamente una rehabilitación del teatro de los Ramos, no sabemos hasta qué punto modificado, pero probablemente muy similar en su fachada si no idéntico— o a alguna de sus posteriores versiones y remodelaciones de los años 30. Es importante el dato pues, aunque no sabemos en qué momento dejó Ramos —ya sea Antonio o Ramón, o ambos— de controlar el cine, hay certeza de que en 1925 ya no lo hacía[25], de manera que, de tratarse de un remedo de los años 30, no tendría por qué tener el aspecto del teatro de los Ramos. No obstante, una fotografía del mismo edificio incluida por Manuel Antunes Amor en su «Macau. A Cidade Mais Pitoresca do Nosso Domínio Ultramarino», artículo publicado en *Ilustração Portugueza*, n.° 896, pp. 495-497, elimina la incertidumbre, o la desplaza a adivinar si se retrata al Vitória de 1915 (sin duda de Ramos & Ramos) o

· · · · · · · · · · · · ·

23 Fernandes, Henrique de Senna (1994) «O cinema em Macau —II, 1930-1931— A emoção do sonoro», *Revista de Cultura*, Número 18 (2.ª Serie), Edición en portugués, enero-marzo de 1994, Instituto Cultural de Macau, pp. 183-216. En la página 197.

24 Chan (2000: 35).

25 Antonio, al menos, según vemos en su cuaderno de trabajo *Copy Book*, de 1925-7. Será una mera casualidad, pero también pudiera ser herencia de la etapa en la que Ramos distribuía los productos Paramount en China: la única copia, siquiera digital, a la que hemos tenido acceso de un programa del Vitória es precisamente el folleto de 20 de abril de 1939 que anuncia y resume la proyectada película de la Paramount *Champagne Waltz* (A. Edward Sutherland, 1937, con argumento coescrito por Billy Wilder) que recoge *Nenotavaiconta* en «Folhetos de Cinema-Teatro Vitória I» (29 de diciembre de 2011) en http://nenotavaiconta.wordpress.com/2011/12/29/folhetos-de-cinema-teatro-vitoria-i/

al de 1921 (quizás todavía vinculado a alguno de los Ramos). En efecto, el artículo de Antunes Amor fue publicado en 1923.[26]

Como se mencionó, De Oliveira Marques ya señalaba (2000: 642) la pertenencia del Vitória de 1915, ubicado en Rua dos Mercaderes e «inaugurado en fecha desconocida», a la «Ramos, Ramos e Cia». Senna Fernandes, también se vio, apuntaba a dos Vitórias, un barracón inaugurado en 1910 y un edificio de ladrillo perteneciente, en 1915, a «la empresa que explotaba el "Victoria Theatre" de Hong Kong» (esto es, la Ramos, Ramos y Cia). Por consiguiente, incluso si el nuevo Vitória de 1921 no perteneciera ya a los españoles, es posible que las fotos de que disponemos correspondan al edificio levantado con anterioridad a 1915 (o en 1915) y que en ese año todavía pertenecía a los Ramos, o que la reforma de 1921 no fuera sustancial en lo que se refiere al aspecto de la fachada y estemos observando en buena medida, cuando menos en su exterior, el teatro del granadino y su socio valenciano.

Mediante la consulta exhaustiva de la prensa de Hong Kong de finales del siglo XIX e inicios del siglo XX hemos podido confirmar, por si hiciera falta, la propiedad del Vitória de 1915 y asignarle a los Ramos la del cinematógrafo Vitória de 1910. En concreto, el artículo titulado «Macao Notes. The Cinematograph.» del *The Hong Kong Daily Press* publicado el sábado, 16 de enero de 1915 en su página 6 decía:

> Prácticamente todo el mundo que pasa un día o dos en Macao visita el cinematógrafo local. La entrada al edificio de las películas siempre ha redundado en sorpresa y diversión. Era muy pequeño, de madera, en absoluto confortable, y mal dispuesto para sus propósitos. Generalmente, sin embargo, las películas eran buenas, y en realidad una de las pocas compensaciones de la vida en Macao es que podemos ver las mismas películas que ponen en Hongkong a la mitad de precio. Esta pequeña erección en madera estaba dirigida por Ramos & Ramos y era una sucursal del Victoria, Hongkong. Hace algún tiempo se instaló un espectáculo de cinematógrafo en el Macao Club para rivalizar con él. El edificio es infinitamente más apropiado en cualquier sentido, pero el Victoria siempre se las ha apañado para asegurarse las mejores películas. En consecuencia, el nuevo lugar nunca ha estado especialmente

• • • • • • • • • • • • • • •

26 Véase *Nenotavaiconta*, «Leitura—Macau. A Cidade mais Pitoresca do Nosso Domínio Ultramarino. II», 23 de abril de 2013, en línea (a 5 de mayo de 2012) en http://nenotavaiconta.wordpress.com/).

abarrotado, ya que la mayor parte de la gente va al cinematógrafo a ver las películas, y prefería la incomodidad del Victoria.

Empero, ahora todo esto ha cambiado. La Victoria Company de Hongkong ha edificado un nuevo sitio cerca del viejo Victoria, y el martes por la noche se inauguró formalmente. El edificio es enorme, lo suficientemente grande para cualquier demanda que Macao pueda tener. Acomoda a 1200. Gran número de personas acudió el martes, con la presencia del Gobernador. Algunas de las señoras de Macao portaron pequeños ramilletes de flores y toda la taquilla se destinará a beneficio de los Aliados. Si las películas siguen siendo de gran categoría, el nuevo edificio será un éxito.

Parece que el flujo de películas continuó marcando la pauta en la colonia portuguesa, aprovechando sin duda el circuito distribuidor de Antonio Ramos centrado en Shanghái, porque la carrera del Vitória fue prolongada, pese a lo poco acogedor de su descomunal espacio, según recordaba De Senna Fernandes: [27]

Pero quien haya conocido el Vitória, pensará en un cine confortable, lujoso, de buenos asientos a la altura de las magníficas películas que exhibía. Tal impresión sólo traerá la sonrisa complaciente de aquellos que recuerdan el caserón de la esquina de Rua dos Mercadores con la Avenida Almeida Ribeiro, uno de los lugares más fríos de Macao, por causa de las corrientes de aire que allí soplan. Se autodenominaba la primera casa de espectáculos, sin otra que le hiciera sombra, y era por tanto un monumento de incomodidad (…) En aquel tiempo, las entradas no estaban numeradas. El que lograra llegar antes, se quedaba con los mejores sitios (…) las sesiones rentables eran las «matinées» y a la sesión de las 19:30 acudían casi exclusivamente chinos.

Vemos, pues, siempre que el opúsculo se publicara en el tiempo debido, que el Victoria se inauguró el martes 12 de enero de 1915, y consta que se formalizó su apertura en un acto que atrajo a las fuerzas vivas de la ciudad, pues el mismo Gobernador portugués estuvo presente. Sabemos así mismo que era inmenso y barato y que atraía, en fecha tan temprana, tanto a la población china como a los extranjeros, incluidos

· · · · · · · · · · · · · · ·

27　Extraído de «O cinema em Macau. O tempo do "mudo"», según recoge *Nenotavaiconta*.

los turistas llegados de Hong Kong, que suponemos continuarían con la práctica ya común en vida del anterior Victoria, que la nota de *The Hong Kong Daily Press* establece como principal, si no único, cinematógrafo de Macao, algo que también sostenían algunos anuncios en la prensa local del cinematógrafo de Ramos y Ramos, como se verá más adelante.

¿Era de veras el único cinematógrafo de la ciudad o hubo de hacer frente a la competencia de otras pantallas? ¿Es correcta la fecha deducida de su apertura? ¿Siguió funcionando el viejo Vitória tras la inauguración del gran edificio de Rua dos Mercadores con Avenida Almeida, quizás para un público menos pudiente, siguiendo la tónica que desarrollaría Ramos en Shanghái, o, más bien, marcándola? ¿Y el primer Vitória, cuándo y dónde se levantó? ¿Guarda alguna relación con el Chip Seng que protagoniza el primer anuncio de un espectáculo cinematográfico en Macao de que De Senna Fernandes y De Oliveira Marques tienen constancia? ¿Cuál era, en ese mismo orden de ideas, el nombre chino de los sucesivos Victorias? ¿Regentaron los empresarios españoles algún otro negocio todavía no reseñado en este capítulo en Macao? ¿Cuándo, pues, penetraron Ramos & Ramos en la plaza portuguesa de Macao y cuándo se desvincularon de sus negocios cinematográficos allí (como sociedad o como individuos, lo cual nos llevaría a incidir en la incógnita acerca del momento de inicio y término de la asociación entre los dos compatriotas)?

No estamos por el momento en condiciones de responder con la certeza requerida a todas estas preguntas, mas vamos a intentar aproximarnos lo más posible a una respuesta cabal a alguna de ellas.

Comencemos por resumir las certezas a las que hemos podido llegar.

5.2.1. El primer cinematógrafo

Como ya se ha visto, no se tiene constancia de cuál pudo ser el momento de la introducción de proyecciones cinematográficas en la ciudad portuguesa. Apenas quedan periódicos de los primeros años del siglo en las hemerotecas macaenses y muchos de estos espectáculos se realizaban sin gran publicidad en maltrechas carpas inestables, sin medios, voluntad ni necesidad de publicitarse en la prensa, especialmente en una ciudad del tamaño y las reducidas posibilidades de ocio que tenía por entonces Macao. La informalidad de las funciones también disminuye la posibilidad de hallar registro de los preceptivos permisos municipales o notificaciones oficiales.

De esta manera, el primer documento que afirma fehacientemente la existencia de un espectáculo cinematográfico en la ciudad es un anuncio que hemos encontrado en el semanal *A Verdade* de 19 de noviembre de 1908, que precisamente se estrenaba ese día con su primer número. «Cynematografo "Chip Seng" Largo da Caldeira. O melhor dos que nesta cidade se tens exhibido. BOA COLLECÇÃO DE FITAS» decía la nota publicitaria, que especificaba también los precios de la entrada, dividida en tres clases, lo cual indica un cierto tamaño y funcionalidad del local: 35 avos la 1.ª clase, 25 la 2.ª y 8 la 3.ª. En el número 7 de *A Verdade*, el 31 de diciembre de 1908 (pág. 5), vemos el anuncio que ha servido hasta ahora de hito como primera mención de una proyección de películas en la ciudad, una reproducción del anterior que seguirá incluyéndose con periodicidad variable en el rotativo hasta el número 18, de 18 de marzo de 1909.

No volveremos a saber del «Chip-seng», quizás un giro en pidgin, a través de las hemerotecas, más allá de la nota sobre sus números circenses en junio de 1909 ya señalada con anterioridad, lo que hace pensar en su probable desaparición.[28] No hay motivos para identificar el Chip-seng con el primero de los Victorias, que fuera borrado del mapa por un tifón en 1909. Ciertamente, la publicidad en un periódico en portugués, buscando al público lusófono, hace pensar en un empresario extranjero para el cinematógrafo, y los errores ortográficos en esta lengua que encontramos en los anuncios del Chip-seng, muy comunes también en los anuncios posteriores de los cines de Ramos & Ramos, no contradicen la suposición (si bien en absoluto la confirman, las posibilidades de explicación de los fallos son muchísimas, desde la existencia de un portugués criollo al nivel de alfabetización reinante entre la población del momento, desde empleados descuidados a tipógrafos foráneos). Cierto que desconocemos el nombre chino de los distintos cines regentados en la ciudad por los Ramos, pero carece de lógica que se utilizara éste, teniendo a la vez uno occidental tan universal y reconocible como Victoria —o Vitória— precisamente en todos los anuncios en la prensa en portugués. Sí es probable que aquel primigenio Victoria se levantara en las proximidades del local del Chip-seng. La única referencia que de él tenemos, la nota de noviembre de 1909 en *A Verdade* sobre su destrucción por la fuerza de un tifón, lo sitúa como único lugar de ocio de Macao

....

28 Aunque pudiera tener relación con el ya mencionado Chit-seng existente en 1912.

en el momento de su desaparición, que debió de acaecer en verano, la temporada de tifones en la región, lo cual limitaría el margen temporal de existencia del Chip-seng (y alimentaría la posibilidad de identificar ambas pantallas). En cambio, sabemos precisamente por los anuncios del Chip-seng que este coexistía con otros cinematógrafos, que le precedían, aunque el Chip-seng fuese «el mejor de los que se habían exhibido en esta ciudad».

El lema del Victoria de ladrillo era, en contraste, «la primera casa de espectáculos», aunque lo más lógico es pensar que el apelativo se refería más a la categoría del teatro que a la cronología de su inauguración. Sin embargo, era habitual en Hong Kong que Ramos y Ramos proclamaran en sus anuncios en prensa la calidad de primer cinematógrafo de la colonia tanto para el Victoria como para el Empire, habiendo uno sucedido al otro; podría aquello ser un eco de esto.

Podemos, pues, colegir, pese a las escasas y dispersas fuentes disponibles, que el Chip Seng, probablemente propiedad de un extranjero, como sucedió con todos los primeros cinematógrafos chinos, fue un local sumamente precario e inestable[29] que ofrecía espectáculos de todo tipo acompañando con frecuencia a proyecciones cinematográficas tan poco atractivas que, como los demás, acabó dejando al primitivo Vitória como única pantalla de Macao. Con la destrucción de este, el nacimiento del nuevo Vitória meses después en el centro de la ciudad, algo más alejado de los barrios chinos, atrajo, como indicaba el *Hong Kong Daily Press*, a todo el público al nuevo local, también un inhóspito barracón, pero mejor situado y dotado de buenos títulos llegados de Hong Kong, y con boletos muy asequibles.

Tanto el primer Vitória como el Chip-seng debieron de ubicarse en la zona del laberinto de calles adyacentes al puerto, no especialmente resguardados de las inclemencias marinas. La Rua da Caldeira está escorada junto al puerto, a unos 350 metros del segundo Vitória, atravesando la célebre Rua da Felicidade que describiera Vicente Blasco Ibáñez en su *La vuelta al mundo de un novelista*. La Rua da Felicidade, frecuentada únicamente por chinos «empujados por el acuciamiento de la lascivia» se componía de casas estrechas ocupadas por las dueñas, «hembras maduras, retiradas de las peleas sexuales, (que) fuman gruesos cigarros

· · · · · · · · · · · · · ·

29 El propio De Oliveira Marques habla de esta precariedad, transmitida por «un periódico de 1909» (pág. 427).

mientras conversan lentamente» y «las pensionistas», quienes «juegan en medio de la calle, como un colegio en asueto. Verdaderamente es la función que les corresponde, a juzgar por sus pocos años. Todas ellas son chinitas apenas entradas en la pubertad».[30] Más allá, en el laberinto del Bazar del que hablaba De Senna Fernandes, hacia el puerto, a escasos metros, se levantaría el Chip Seng, seguramente no muy lejos del primer Victoria, en la Plaza de la Caldera, que debía de recibir su nombre de la cercana Caldeira da Alfândega (Caldera de la Aduana). Siguiendo aún a Blasco Ibáñez, el puerto sería, a sus ojos, el de mayor tráfico mercante de Extremo Oriente, y «más chino que la ciudad».[31]

Por otro lado, el segundo Vitória se levantó en Rua da Cadeia. Podría pensarse en un error tipográfico, una errata, al transcribir el nombre original de la calle; no es infrecuente que así suceda y además no existe una Rua da Cadeia en el plano de Macao actual, y sí una Rua da Caldeira (la dirección del Chip Seng según De Senna Fernandes, aunque se anuncie como situado en Largo da Caldeira). El nombre de las calles y su trazado ha cambiado en numerosas ocasiones en el último siglo en la mayoría de las grandes ciudades chinas, y los problemas de transcripción causan con frecuencia inesperados malentendidos y equivocaciones entre los estudiosos de diferentes épocas; en Macao la situación puede ser si cabe más compleja al juntarse el portugués con el inglés predominante actual, y el cantonés con el mandarín y el pinyin. Por si fuera poco, otra de las escasas fuentes disponibles, Chan (2000: 33), habla de la Calçada Oriental como nomenclatura actual de la dirección del Vitória en 1910 en la versión en inglés de su texto y de Calçada do Tronco Velho en la versión portuguesa. Sin embargo, Nenotavaiconta aclara que la Calçada Oriental era la actual Calçada do Tronco Velho. Una visita a Cadastro das vias públicas e outros lugares da cidade de Macau, de Joaquín Alves Carneiro (1957), clarifica la situación.

Encontramos que entre las calles que vieron su nombre alterado tras el catastro de 1925 se encuentra la Rua da Cadeia, que pasó a llamarse Rua do Dr. Soares (蘇雅利醫生街, Sū yǎlì yīshēng jiē). También comprobamos en un mapa actual que la Calçada do Tronco Velho es la continuación de la también breve Rua do Dr. Soares, y que ambas se hallan a escasos 160 metros de Mercadores y Almedia Ribeiro, la sede del

....

30 Blasco Ibáñez, 2007: 194.

31 Id., pág. 184.

tercer Victoria. El plano *Planta da Península de Macau*, fechado en 1889, certifica la existencia —veinte años antes— tanto de un lugar ubicado exactamente donde Senna Fernandes sitúa el primer Vitória, llamado «Cadeia» como de la Caldeira da Alfândega, muy cercana a la actual Rua da Caldeira, lindando con la Fábrica de Opio. La Avenida Almeida Ribeiro aún no se había abierto y en su lugar, camino del puerto, se extiende el «laberinto del bazar» en el que encontrarían su público el Chip Seng, el Tin Lin y, elucubración nuestra, el primer Victoria.

5.2.2. El segundo y tercer Vitória

El vigor del que hablaba De Oliveira Marques (2000: 641) llegaría al cine en Macao con la inauguración del Cinematógrafo Vitória, y se consolidaría con el «primeiro edificio de estrutura permanente a abrigar um cinema em Macau»,[32] el tercero de los Vitória, si cabe más céntrico, en la avenida comercial de la ciudad, y de mucho mayor tamaño y presencia. De Senna Fernandes (2010: 20) glosaba así la apertura del teatro:

> El edificio del Vitória fue construido, o adaptado, a mediados de la primera década del siglo pasado, en un momento en el que no existía aún la Avenida Almeida Ribeiro, sino que se trataba de una franja de tierra atravesada por calles, caminos y callejones que conformaban el famoso barrio del Bazar. (…) La aparición de un edificio de piedra y cal para la exhibición de películas indica que la popularidad del cine había llegado ya a la ciudad y que el público exigía instalaciones adecuadas y no simples e incómodos barracones. (…) Nos falta información sobre cuál sería la fecha de inauguración del nuevo cinematógrafo y cuál su film de estreno.

Aunque desperdigados por varias bibliotecas de la ciudad, los periódicos que desde 1915 se han conservado en Macao informan con precisión de la fecha y demás detalles de la inauguración del segundo y tercer Vitória. Como referimos, *A Verdade* incluía varios días después del acontecimiento una nota que daba cuenta de la inauguración la noche del domingo 9 de enero de 1910 del nuevo teatro de cinematógrafo «Victoria», construido sobre el terreno en el que se levantara el edificio

· · · · · · · · · · · · · ·

32 De Oliveira Marques (2000: 642).

de la prisión pública, y agradecía la invitación que «gentilmente se les hizo» a los asistentes a la inauguración.[33]

Por su parte, *O Progresso* avanzaba el 10 de enero de 1915 el destino de los beneficios de la sesión inaugural del nuevo teatro Victoria, y de paso la propia inauguración, en su portada:

> El próximo martes 12 del corriente, Sesión Cinematográfica a beneficio de los aliados, con el patrocinio de la Excma. Sra. Dña Berta de Castro e Maia. La empresa del cinematógrafo VICTORIA ofrece los ingresos de la sesión de inauguración de su nuevo edificio, en la esquina de la Rua dos Mercadores con Avenida Almeida Ribeiro, a la comisión de señoras encargadas de recoger donativos en dinero y en artículos que serán enviados a las tropas de las naciones aliadas heridas en la guerra. Precios doblados respecto a los de costumbre. No se envía boletos a persona alguna; se venden en el principal del nuevo edificio. Se espera una gran concurrencia.

La nota «Cinematografo Vitoria» de 17 de enero[34] da cuenta detallada de la sesión de apertura del día 12 (*O Progresso* es un medio de periodicidad semanal); subraya la gran afluencia de espectadores y la donación por parte de la empresa de los beneficios para la adquisición de productos para los aliados heridos en la guerra. Felicita a la «empreza Ramos & C.º pela sua iniciativa de construir urna casa de espectaculo», cuantifica en 14.000$ el gasto en la obra y compara el cine con una iglesia con altar mayor y coro, majestuosa, aunque «hasta llegamos a añorar el viejo barracón en el que estábamos como sardinas, es cierto, pero podíamos ver dos películas... la del cine y la de los espectadores».[35]

La «exma. sra. D. Berta de Castro e Maia», encargada de recoger los fondos donados por Ramos & Cia., era la esposa del Gobernador de la plaza. Curiosamente, tras esta primera nota, no veremos anuncios del Vitória en *O Progresso* hasta julio de 1915.

El Victoria de Rua da Cadeia no tardó mucho en contar con una atracción añadida, un «Salão de patinar» también situado en la Rua Da Cadeia, probablemente adyacente al cine, que sumar a los ya abiertos

· · · · · · · · · · · · · ·

33 *A Verdade*, 13 de enero de 1910, pág. 2.

34 *O Progresso*, 17 de enero de 1915, pág. 3.

35 Recuérdese que de hecho los espectadores se sentaban en este cinematógrafo en dos grupos enfrentados, a ambos lados de la pantalla central.

por Ramos & Ramos en Shanghái y Hong Kong. El 28 de enero de 1911 disponía de tres sesiones diarias de patinaje, una matinal de 10 a 12, una segunda de 2 a 4 de la tarde; la postrera, de 4:30 a 6:30 de la tarde. El precio de entrada era muy asequible y diferenciaba entre los billetes para patinadores, que costaban 20 céntimos de pataca, y la entrada para los espectadores, a 10 céntimos. El cine también presumía de barato, y se anunciaba con «los precios más bajos de Extremo Oriente».[36]

Parece que el salón de patinaje abrió sus puertas el domingo 15 de enero de 1911, es decir, un año después que el cine, según se entiende de un anuncio en A Verdade de 14 de enero (pág. 4). No debió de tener un éxito inmediato, pues vemos que en solo dos semanas los precios se redujeron dramáticamente y se eliminó la sesión nocturna con que se inauguró, de 9:15 a 11 y con entradas a 50 céntimos para los adultos. El anuncio, como sucederá en adelante, se publicaba sobre el del Cinematógrafo Victoria y unido a él, a menudo con más presencia que el propio cine. El Cinematógrafo, por su parte, dice cambiar de programa cada dos días, introduciendo en cada nuevo cartel dos o tres cintas nuevas. No parece tener mucha competencia. Su propia publicidad da fe de ello: «La única casa de este género y la que mayor comodidad ofrece al público», se califica en marzo de 1911 en A Verdade.[37]

En la segunda mitad de 1914 nacerá un competidor para el Victoria cuando una nueva empresa se haga cargo del Teatro D. Pedro V y lo dote de instalaciones para la proyección de películas. Chan (2000: 31) fecha el cambio en 1915, cuando el Teatro, cuya inauguración data en 1858,[38] fue alquilado a una empresa privada para proyectar películas «y cambió el nombre a "Ma Gau Theater for Excellent Movies" para subrayar su equipamiento y servicio de excelencia. Más tarde, el nombre fue cambiado a "Macau Theater" (Cinema de Alta Categoria de Macau, Teatro de Macau)». Sin embargo, los anuncios como el que incluimos abajo del Animatógrafo Macau se repiten en O Progresso al menos desde el 13 de septiembre de 1914 hasta bien entrado 1915. De Senna Fernandes (2010: 21) también parece confundir fechas, no en lo que respecta al

• • • • • • • • • • • • • •

36 Vid. A Verdade, 28 de enero de 1911, pág. 5.

37 A Verdade, 18 de marzo de 1911, pág. 4.

38 Según señala la placa instalada a la puerta del teatro, todavía activo, por el Gobierno de Macao, fue construido en 1860 y llamado D. Pedro V en honor al rey de Portugal que reinara entre 1853 y 1861. Fue el primer teatro de estilo occidental en China y fue diseñado por el macaense Pedro Germano Marques. Tras su reforma en 1873 tuvo una capacidad de 276 espectadores sentados.

Teatro D. Pedro V y su cinematógrafo, del que apunta que «por informaciones obtenidas de dos contemporáneos, se sabe que el cinematógrafo Macau, utilizando las instalaciones del noble edificio del Largo de Santo Agostinho, no daba sesiones de cine cuando había recitales, y los ensayos de éstos se hacían en horarios en que no había proyecciones», sino en cuanto al origen del Animatógrafo Macau, cuya apertura, a manos del antiguo gerente del Vitória, Filipe Hung, sitúa (pág. 28) el 3 de febrero de 1922 en el edificio del New Macao Theatre (o Novo Teatro de Macau), a su vez inaugurado a finales de 1919 (pág. 26) en el terreno donde hoy se yergue el Cinema Capitol.[39] Pudiera tratarse de un nuevo Animatógrafo Macau, pero desde luego el primero se conformó en el Teatro Pedro V y fue propiedad de Júlio António Eugénio da Silva[40] y su socio, «el Sr. Chan», a través de la empresa Chan, Silva & Ca., como vemos en el anuncio en O Progresso[41] ya mencionado.

El Animatógrafo Macau favorece desde un inicio la estrecha relación con los poderes de la ciudad portuguesa, con frecuentes espectáculos en honor y beneficio de cuerpos militares o heridos por la Gran Guerra que presiden o patrocinan el Gobernador, Carlos da Maia, o su esposa, Dña. Berta de Castro e Maia.[42] El texto del aviso que repite durante meses en la prensa local traduce:

> Animatógrafo Macao. Chan, Silva & Ca. Esta empresa cinematográfica instalada en el Edificio del Teatro Don Pedro V de esta ciudad ha buscado, sin exageración, la manera de complacer al público con ricos dramas y variadísimas cintas cómicas, bellos ventiladores, y todo tipo de comodidades; acaba de contratar un trío que ejecutará diariamente un repertorio variado y selecto. Todos los sábados esta empresa

••••••••••••••

39 De corta vida, en todo caso, por lo que parece. De Senna Fernandes afirma (2010: 26) que cerró sus puertas un año después por falta de fondos.

40 Las notas en prensa lo llaman simplemente Julio da Silva, pero deducimos que se trata del mismo Júlio António Eugénio da Silva que De Senna Fernandes (2010: 24) refiere.

41 El director, editor y administrador de O Progresso, «Semanario Independiente dedicado á Propugnação dos Interesses Portuguèses no Extremo-Oriente», fue elegido presidente de la Asociación de Propietarios del Teatro D. Pedro V en enero de 1915, según informaba su propio periódico el 10 de enero de ese año en su tercera plana.

42 Por ejemplo, como vemos en O Progresso (25 de octubre de 1914, pág. 3; 8 de noviembre de 1914, pág. 3; 15 de noviembre de 1914, pág. 3), el 24 de octubre hospedó una sesión cinematográfica en honor del Corpo dos Voluntarios de Macao, y el 10 de noviembre, otra en beneficio de los heridos de guerra, que tuvo un rendimiento, venta de flores incluida, de más de 520$.

ofrece algún regalo a las personas presentes en el sorteo; se cambia el programa tres veces por semana. Esta empresa cuenta con el apoyo del público de esta ciudad y muy especialmente de sus compatriotas.

En una curiosa apelación a la nacionalidad portuguesa, en pleno auge del patriotismo bélico.[43] El precio de las entradas era asequible, entre 20 y 40 céntimos de pataca, con descuentos de importancia para niños y soldados.

Por lo que se observa en los periódicos del momento, las grandes ceremonias y eventos sociales se celebraban en existencia del Vitória de Rua da Cadeia todavía en el teatro Cheng-peng. El nacimiento del tercer Victoria en Avenida de Almeida Ribeiro trasladará a sus dependencias a los protagonistas de las principales concentraciones de la sociedad macaense. Si en 1911 el Cheng-peng acogía, con la asistencia de todas las autoridades locales, a unas 2000 personas en la ceremonia de corte de coleta de los chinos que lo desearan,[44] una proclamación de afinidad con la nueva ola política en China, en 1915 es el Victoria el que se engalana para un «Grande Comicio Eleitoral» celebrado «por el triunfo de los que trabajan».[45] Ni siquiera la gran capacidad y tradición del Cheng-peng, abierto en 1875[46] y, como se mencionó, reconvertido en cine ese mismo 1915 (Chan, 2000: 11) pudo rivalizar con el nuevo Victoria enladrillado.

Erigido como centro del entretenimiento de Macao, los miércoles y sábados, cuando se producía el cambio de programa, se daba cita en sus estancias «nossa sociedade elegante», como la tildaba *O Oriente Português* el 23 de julio de 1915, y este rotativo incluso publicaba «os nomes das senhoras de nossa élite que nessos espectaculos comparecem».[47] La dirección hacía coincidir también los espectáculos destinados a la beneficencia y obras de caridad en esos días de la semana, según especifica *O Oriente Português*. Una dirección que, al menos durante el

• • • • • • • • • • • • • • •

43 Siendo además que (De Senna Fernandes, 2010: 19) por entonces «O Victoria Theatre parece ter gozado das preferências da comunidade portuguesa, então numerosíssima».

44 En *A Verdade* de 14 de enero de 1911 (página 4) se da cuenta detallada del evento. El acto, que duró unas tres horas, contó con la asistencia del Gobernador Interino, D. Álvaro Machado. Cerca de 200 chinos estaban ya inscritos el día anterior para el evento, que tuvo lugar a las dos de la tarde, según se indicaba en una nota de 13 de enero. El primero en proceder al corte de su trenza sería un famoso curandero de blanca cabellera llamado Lam-chi-cheong.

45 Véase *O Progresso*. 26 de diciembre de 1915, pág. 4.

46 Chan (2000: 31).

47 «Cinematografo», *O Oriente Português*, 23 de julio de 1915, pág. 6.

primer semestre de 1916, ocupaba, como vemos en *O Progresso*,[48] Amaro López, el que fuera representante de Ramos & Ramos en Australia poco antes, que se registrará en el Consulado de Shanghái ese mismo año. La empresa, que dirigiría desde Hong Kong J. Blake, se hace llamar en la publicidad en la prensa macaense R. Ramos & Ca., aunque desconocemos el papel exacto de Ramón Ramos en ese momento en esta rama del sur de la Ramos & Ramos.

El cambio de Gobernador no disminuye la preeminencia del Victoria. En enero de 1917, Dña. María Leonor Magalhães Correia, esposa del Gobernador, preside una función teatral, una revista promovida por la guarnición del cañonero Pátria a beneficio de los Aliados en la contienda mundial.[49] Son frecuentes este tipo de eventos especiales, ya dedicados a los esfuerzos de la guerra, ya a obras de caridad, como fue el gran espectáculo para recaudar fondos para los damnificados por las inundaciones en Cantón en el verano de 1915.[50]

La tendencia continuará cuando el cinematógrafo haya pasado a llamarse Animatógrafo Vitória, en 1919. *O Macaense* registraba en octubre de ese año que la nueva empresa explotadora del Vitória entregaría la entrada de la sesión nocturna del cine, 240 patacas, a la Cofradía de Nuestra Señora del Rosario para ayudar a sufragar las obras que se realizarían en la iglesia de S. Domingos.[51]

No sabemos por el momento si esta nueva empresa sustituyó a la R. Ramos & Ca. en la gerencia del Victoria o si los españoles habían ya dejado Macao con anterioridad, como no se puede afirmar con rotundidad que el vínculo de los Ramos con el Victoria macaense había desaparecido por completo por el cambio de sociedad rectora del teatro, aunque hemos de considerarlo muy plausible. Según De Senna Fernandes (2010: 27), el público chino no frecuentaba los cinematógrafos, prefería los dramas del Cheng Peng o los placeres del Bazar, de manera que, restringidos al público portugués y a los turistas llegados de la colonia inglesa, los cinematógrafos se debatían en la precariedad y la falta de beneficios. «El Vitória seguía siendo el primero, por ser el más amplio, el más céntrico y contar con las mejores películas. También era el más po-

· · · · · · · · · · · · · ·

48 En sendos anuncios del Cinematógrafo Victoria el 30 de enero (pág. 4) y el 26 de marzo de 1916 (pág. 4). En esos meses, es el único cinematógrafo que se anuncia en este semanario.

49 *O Progresso* de 14 de enero de 1917 (según De Senna Fernandes, 2010: 26).

50 *O Progresso*, 25 de julio de 1915, pág. 1.

51 *O Macaense* de 5 de octubre de 1919, de acuerdo con De Senna Fernandes (2010: 27).

pular. Sin embargo, tenía los mismos problemas, las empresas gerentes cambiaban por no poder hacer frente a los gastos». El *O Macaense* de 13 de octubre de 1920 se dolía a este respecto: «Desgraciada tierra esta donde raras son las buenas iniciativas que no quiebran».

De Senna Fernandes atribuye la gerencia del cine (como hemos visto, ahora Animatógrafo) en 1919 a Filipe Hung, figura popular y simpática de empresario que habría dotado de gran dinamismo al cinematógrafo, estrenando en ocasiones las películas antes de que se pasaran en Hong Kong. Filipe Hung[52] se desligó del Vitória a finales de 1921[53] y abrió el 3 de febrero de 1922 el Animatógrafo Macau, en el mismo edificio en el que estuviera años atrás el New Macao Theatre. Vemos en una nota publicada en 1927 con ocasión del sexto aniversario de la fusión de la Empresa del Cinematógrafo Victoria con la Hongkong Amusement que fue esta unión la que provocó el fin de la gerencia de Hung —y, no siendo una absorción, mantiene la duda sobre la posible participación de Ramón Ramos o incluso Antonio, como socio de este, en la nueva sociedad—.

Con la salida de Filipe Hung, la nueva explotación del Victoria se inaugura con la actuación de la Grande Troupe Garcia.[54] En 1922, el teatro sufriría un ataque con bomba que destruyó sin víctimas los ventanales externos.[55]

Tras unos inicios en los que el capital extranjero se resistía a entrar en el enclave portugués, y una progresiva y lenta mejora en espera de un despegue parejo al de Hong Kong que no había sucedido, los negocios habían comenzado a prosperar en la ciudad mediados los años 20.[56]

Chan (2000: 13) indica que a finales de la década de los 20 las películas sonoras causaron tal impacto en Macao que algunos aficionados incluso cruzaron el brazo de mar que separa el enclave de Hong Kong para asistir allí a las funciones de cine sonoro de las que la ciudad portuguesa todavía carecía. Los teatros de cine mudo cerraron uno tras otro, dejando en solitario al Victoria Theater, y el Cheng Peng se limitó

• • • • • • • • • • • • • •

52 De Senna Fernandes (2010: 28).

53 Y abrió, según *Cinema em Macau*, el 3 de febrero de 1922 «el Animatógrafo Macau, en el mismo edificio en el que estuviera años atrás el New Macao Theatre», como se dijo más arriba, con la incógnita sobre la relación entre este Animatógrafo Macau y el primigenio en el teatro D. Pedro V que mencionáramos.

54 Seguramente sea a esta nueva andadura bajo la nueva empresa a la que se refieran las fuentes que databan en 1921 la inauguración del Teatro Vitória.

55 Ibid. ant., pág. 29.

56 Vid. «Macao Notes» en *The Hong Kong Telegraph*, el 21 de mayo de 1924, pág. 6.

a las óperas cantonesas. En este orden de cosas, una sociedad sinoportuguesa comenzó la construcción del Teatro Capitol, destinado al cine sonoro, pero el Victoria se adelantó equipando sus instalaciones para la proyección de películas con sonido y proyectando por primera vez en Macao una película sonora el 28 de marzo de 1931. Se trató de *Fox Movietone Follies of 1929*, musical escrito y dirigido por David Butler en ese mismo 1929.[57]

En julio de 1934 se suspendieron las proyecciones en el Victoria por falta de condiciones higiénicas en un edificio algo decrépito y mal equipado que, convenientemente renovado, volvió a abrir sus puertas en 1935 transformado en un complejo de casino, *nightclub* y restaurante, según Chan (2000: 35). Según João Botas, el local pasó a llamarse Palácio Fortuna y contaba también con habitaciones para dormir. La transformación, más allá del estado del cine, había ocurrido toda vez que el Gobierno de Macao había resuelto sacar a concurso más licencias de juego. La reapertura, concreta Botas, se produjo el 18 de mayo de 1935, aunque sólo tres años más tarde volvió a rehabilitarse el cine y a funcionar como tal[58] de nuevo bajo el nombre de Victoria hasta su demolición en noviembre de 1971.[59] Desde entonces, el solar está ocupado por el banco Tai Fung.

5.2.3. La programación de los Victoria de Macao

A diferencia de la prensa de Shanghái, los periódicos de Macao correspondientes a las dos primeras décadas del siglo XX, por lo general semanales, a que hemos podido tener acceso no permiten una reconstrucción exhaustiva de las carteleras de los Victoria de Ramos de ninguno de los años que permanecieron abiertos. En consecuencia, estableceremos solamente un recorrido aproximado por sus programas a partir de la escasa información que de ellos hemos podido extraer de una pormenorizada lectura de los ejemplares existentes y accesibles de *A Verdade*, *A Colonia* —en portugués pero shanghainita, con alguna información

••••••••••••••

57 Según *International Movie Database*: http://www.imdb.com/title/tt0019896/?ref_=fn_al_tt_1

58 Bajo gerencia de la Ming Sing Entertainment Company, equipado con 806 butacas, según Chan (2000: 35).

59 João Botas, en el blog *Macau Antigo*. Entrada del sábado 11 de enero de 2014 «O 'Vitória': mais do que um cinema». Recuperado de http://macauantigo.blogspot.com/search/label/cinema el 30 de junio de 2015. Por ser minuciosos, según Chan (2000: 35) el cierre final se produciu el día 25 de noviembre de 1971.

de Macao— *O Macaense*, *O Oriente Português*, *O Português* y *O Progresso* —el rotativo de Macao, no el publicado en Shanghái en idioma portugués— con un especial interés en comprobar la existencia de una distribución compartida entre los teatros de Shanghái, Hong Kong y Macao y en localizar títulos españoles en estas proyecciones.

Las colecciones, ante todo de *A Verdade*, que se conservan en las hemerotecas de Macao de prensa de la ciudad previa a la Guerra Mundial distan de ser completas, fenómeno que se agrava conforme se dirige la mirada a los ejemplares más antiguos. Las páginas donde se publican los espectáculos apenas anuncian con cierta frecuencia los recitales y funciones teatrales del Teatro D. Pedro V y el cinematógrafo Victoria, con alguna referencia, ya comentada, al Chip-seng durante algunos meses, generalmente sin especificar los títulos ni procedencia de las cintas proyectadas, entre publicidad de negocios de índole muy otra, frecuentes informes sobre brotes de peste en la región[60] y noticias sensacionales de la metrópoli como el descubrimiento de José Lopes en una revista para el servicio militar, muchacho de 19 años natural del Algarve con la increíble estatura de 208 cm., quien «a pesar de sua tão extraordinaria altura, apenas pesa 113 kg».[61]

En 1911 se suman durante unos meses las notas, incardinadas con la publicidad del Victoria, aunque siempre diferenciándose un local del otro, anunciando el salón de patinaje que, como en Hong Kong y Shanghái, acompañaría en Macao al primer cine de la ciudad, propiedad de los españoles Ramos y Ramos. Los anuncios son breves y por lo general bastante concisos, con frecuentes errores ortográficos y gramaticales, quizás erratas, tal vez debidos a la impericia de los responsables de la imprenta, acaso a la nacionalidad de los propietarios y administradores del cine.

En 1911 es frecuente el programa compuesto por ocho películas, separadas las cuatro primeras de las finales por un intervalo de 10 minutos. Según se especifica, los programas introducen cada dos días dos o tres títulos nuevos, que se suelen señalar como tales. Abundan los títulos franceses, aunque también es fácil identificar algunas películas británi-

· · · · · · · · · · · · · ·

60 Zona sin duda insalubre, como deja clara la lectura de la prensa del momento, donde permanecía el miedo a la epidemia tras el cruento brote de 1896.

61 *A Verdade*, 4 de noviembre de 1909.

cas, estadounidenses o italianas. Teniendo en cuenta la imposibilidad de identificación de muchos de los títulos listados —en su traducción portuguesa— en los anuncios y la imitación persistente en muchas de las cintas de la época, no podemos afirmar con rotundidad que no existieran en los programas iniciales del segundo Vitória tempranos cortometrajes españoles, de Gelabert, de la Marro, Soler y Cia, la Rosich, Ribas y Vila[62] o, por descontado, de los propios Ramos y sus colaboradores en China, aunque tampoco hemos hallado ninguna que con certeza proviniera de este lado de la Península Ibérica. Sí se presentan con cierta asiduidad películas en apariencia filmadas en Portugal, naturalmente atractivas para el ciudadano macaense, aunque es probable que sus autores fueran camarógrafos ligados a empresas francesas.

Queremos esbozar a continuación un listado incompleto de los títulos anunciados para el Vitória de Rua da Cadeia en los primeros meses de 1911, cuando ostentaba con suficiencia el título de mejor, y plausiblemente único, cinematógrafo de Macao.

5.2.3.1. La programación del Vitória de Rua da Cadeia en 1911

Enero

Podemos identificar un documental de la Pathé sobre la catástrofe del dirigible «Republic», un cortometraje de Max Linder, otro sobre el Hospicio de París, *Morgan, o pirata*, (*Morgan, le pirate*, serial de la Éclair francesa dirigido en 1910 por Victorin-Hippolyte Jasset), una película de animación y *A Tosca* —seguramente la versión de la Pathé de 1909 con Cécile Sorel, aunque exista la tentación de ver en ella la brasileña de Thiago Bavoso del mismo año. Algunos títulos como *Botadura de un acorazado* sugieren con claridad el tipo de documento que se exhibía, mientras que otros, además ocultos en la en ocasiones caprichosa traducción de sus títulos originales, se pierden en el olvido y la homonimia. Mención especial merece la anunciada como *Frente a frente*, proyectada el 28 y 29

· · · · · · · · · · · · · · · ·

62 La Marro, Soler y Cia, de Barcelona, como vemos en *Artístico-Cinematográfico* (noviembre de 1907) realizaba ya en 1907 documentales de la campaña hispanofrancesa en Marruecos, y la Rosich, Ribas y Vila, también barcelonesa, dirigida por Ricardo Rosich y José Ribas (agentes para España de la Vitagraph), ofrecían títulos de entre 100 y 300 metros de longitud.

de enero, que tiene indiscutibles ecos de la cinta española *Dos guapos frente a frente* (Ricardo de Baños y Alberto Marro, Hispano Films, 1909).[63]

Febrero

Se mantiene el predominio francés entre las películas con identificación certera. A *La rose d'or —A rosa d'ouro*, «lindissima fita» según *A Verdade*, de Gaston Velle con la Pathé, 1910— se sumaría *Casaco animado* —muy probablemente *El traje animado*, de Meliés, aunque se anuncie como novedad habiendo sido producida en 1904— y también *O cão e o jantar oferecido por Calino* —Gaumont, 1910, con Clément Mégé en su prolífico personaje de Calino, dirigida por Romeo Bosetti— *O soro* (*Le Serum*, Éclair, 1910) y películas de la serie de Nick Carter (Victorin-Hippolyte Jasset, de la Éclair, 1909 ó 1910).

También se publicita el serial británico *El Teniente Rose y el espía árabe* (*Lieutenant Rose and the Foreign Spy*, Percy Stow, 1910), la italiana *Manon Lescaut* (La Nazionale, 1908), y *Hospedes raros*, que podría ser la americana *Unexpected Guests*, de la Essanay Film, dirigida por Gilbert M. «Bronco Billy» Anderson en 1910.

Marzo

En marzo la publicidad destaca sobre las demás la «grandiosa, maravillosa» versión cinematográfica de *Rigoletto* —probablemente la realizada en 1910 por Gerolamo Lo Savio para la Film d'Arte Italiana, aunque hay varias *Rigoletto* posibles, una francesa de 1909, varias italianas de 1909 y 1910 y una española, de Gelabert con la Gaumont Española, de 1908— y la «extraordinaria, sumamente sensacional *Honra*, cinta dramática, lindísima y de gran mérito, con una longitud de 1400 pies». El filme, proyectado al menos durante cuatro jornadas, calificado de grandioso, sobresale también por su longitud, apenas 500 metros, que en 1911 constituían un material poco común, pero no hemos podido identificarlo con certidumbre.

Además, encontramos otras películas como *O cão ladrão* (*El can ladrón*, Pathé, 1909), la aventura de Nick Carter *El robo de las joyas* (Victorin-Hippolyte Jasset, de la Éclair, 1909 ó 1910), *Ladrões de automovel*, de la Vitagraph estadounidense (1906), y la tentación de identificar

••••••••••••••

63 Según IMDB. Crusells (2009: 47) la sitúa en 1915.

Dançando ao som da simphonia con *Symphonie bizarre* (Segundo de Chomón, 1909).

Abril

En abril el Victoria continúa nutriéndose ante todo de cine francés. Junto a unas vistas del Valle del Sena y películas de fantasía como *Mobiliario fantástico* —seguramente *Emménagement fantastique*, de 1908, si no alguna pieza de Chomón o Méliès rebautizada— se anuncia un *Fausto* «fantástico, dramático» de nada menos que 2000 pies de extensión, probablemente el de la Pathé Frères (Henri Andreani, 1910), con una longitud muy similar;[64] las ya proyectadas *Rigoletto* y *Nick Carter* —o nuevos episodios de la serie—; *El fruto prohibido*, también anunciado como *La fruta prohibida* (*Le fruit défendu*, 1909, Gaston Velle); *Los volcanes de Java* (1909); *Semiramis* (Pathé Frérès, 1910); *María Antonieta* —bien la película del mismo nombre de Georges Denola de 1908 o *Une aventure secrète de Marie-Antoniette*, de Camille de Morlhon, 1910, ambas de la Pathé Frères— y la muy reciente[65] *Athaliah*, película fantástica basada en la obra de Racine producida por la Pathé, «cinta nueva de 1500 pies, artísticamente colorida». No es posible saber qué versión de *Macbeth* se estrenó entonces en el Vitória. Bien pudiera ser la dirigida para la Pathé por André Calmettes en 1909, pero tanto la Cines italiana como la Vitagraph estadounidense habían comercializado poco antes sendos Macbeth.

Además, se cuentan algunas películas británicas, como *El gran cónsul* (1909), sobre un mono que actúa en un barco de guerra americano, y *Os sonhos d'um cocheiro* (*The Cabby's Dream*, Charles Raymond, 1906), la estadounidense *Os sonhos d'uma mãe* (*A Mother's Dreams*, 1907, de la productora S. Lubin), un documental sobre la armada mejicana y varias películas portuguesas o sobre colonias o provincias de

• • • • • • • • • • • • • •

64 Lo que supondría un buen plazo de estreno respecto a Europa. El *Fausto* de la Cines, (Enrico Guazzoni, 1910), con Ugo Bazzini y Fernanda Negri Pouget, es bastante más breve. Hay otra buena candidata, la película de Edwin S. Porter de 1909, de la Edison Manufacturing Company. La mayoría de las referencias de películas de este capítulo provienen de www.imdb.com o www.citwf.com

65 Tanto *Complete Index To World Film*, http://www.citwf.com/, que le da una longitud de 991 pies, como *EOFFTV*, http://www.eofftv.com/, la datan en 1911. Se referirán seguramente a la fecha de estreno, pues comprobamos que se estrenaría en Australia el 19 de enero de este año (en *Northern Star* de 19 de enero de 1911, pág. 3).

Portugal: *Os costumes da Ilha de Madeira-Portugal* (británica), *Novela numa colonia* y *Os cães do Minho* (*Los perros del Miño*). Por último cabe señalar la proyección de la cinta *A vida privada de Roberto*, que pudiera ser o tener relación con *La salida de Roberto*, de la productora Empresa Francisco Serrador —que patrocinó abundante material español— película portuguesa dirigida por Alberto Botelho.

5.2.3.2. El Vitória de Rua dos Mercadores con Avenida Almeida Ribeiro

La única referencia que hemos encontrado a la cartelera del tercer teatro Vitória antes de 1920, en las fechas en que fue dirigido por personal de la R. Ramos & Ca., fuera de las hemerotecas es la mención que De Senna Fernandes (2010: 22) hace a la proyección en julio de 1915 de *Os perigos de Paulina* (*The Perils of Pauline*), «una película que definitivamente conquistó al público macaense para el cine». Estrenada un año después de su primera exhibición en los Estados Unidos, fue un éxito absoluto, como por otra parte acontecería en todo el mundo. «Toda la ciudad seguía, con el corazón en un puño, las peripecias y las tribulaciones de Paulina … estaba Macao entero desbordando el Vitória. Cada episodio terminaba en un lance de "suspense"». Se discutía la película en todas partes, en las calles, en los cementerios de las iglesias los domingos, en las reuniones familiares, entre partidas de «bafá' y de *backgammon*, en los clubes y en las casetas de playa» (De Senna Fernandes, 2010: 23).

> La gente se enfurecía cuando se encontraba las entradas agotadas y había conflictos en las casas porque el marido o la mujer había olvidado adquirir los boletos a tiempo. En los días de película, no había reuniones familiares y los clubes se vaciaban.
>
> El salón del Vitória se transformó, en aquellos días, en punto de reunión de la sociedad, pareciendo más una asociación recreativa que una simple casa de espectáculos.

En efecto, *O Progresso* anuncia durante todo el mes de julio de 1915 y parte de agosto las sesiones en el Vitória con los distintos episodios de *The Perils of Pauline*, serie de éxito mundial protagonizada por la estadounidense Pearl White (Perla Blanca, en España) para la Pathé americana, escrita por Charles W. Goddard y dirigida por Louis J. Gasnier y

Donald MacKenzie en 1914[66]. El serial, uno de los más populares de la era de los folletines, narraba las aventuras de Pauline, rica heredera enamorada, y de sus antagonistas, que ansiaban su fortuna, en todos los escenarios habituales en el cine de aventuras de la época: el lejano oeste, la mar pirata, la selva tropical, el lejano Oriente o las carreras de bólidos, con la atlética White protagonizando muchas escenas de riesgo y finales al borde del precipicio, al uso de los seriales mudos más reputados. *The Perils of Pauline* merece especial atención aquí no solo por haber convertido el Teatro Vitória en el auténtico palacio de los sueños de Macao, sino porque es un perfecto ejemplo de la circulación habitual de las películas distribuidas por Ramos & Ramos entre Shanghái, Hong Kong y Macao antes de su venta o alquiler a terceros en otras plazas.

Simultáneamente al estreno en Macao de los primeros episodios de la serie, el Victoria Theatre de Hong Kong mostraba los capítulos finales. Había comenzado a proyectarse en la colonia británica a mediados de mayo y se mantuvo en cartel hasta el 24 de julio. «How will it all end, that is the?», preguntaba la publicidad en la prensa local, azuzando la curiosidad del espectador. «Vea la terrible ordalía de Pauline en un templo chino».

En Shanghái, el diario en inglés *The China Press* publicaba en sus dos páginas centrales extractos de la novela original de Charles Goddard en los que se avanzaba el argumento de los episodios que los espectadores podrían disfrutar en la gran pantalla en los próximos días, salpicados de fotogramas de la serie de Pearl White. «The Perils of Pauline. READ It Here --- Then SEE It All In Moving Pictures», lucía una banda superior a doble página en grandes letras blancas sobre fondo gris. Algo similar sucedería en Hong Kong un año después con las entregas todos los jueves en el diario *The South China Morning Post* de las aventuras que acaecerían ese fin de semana en *Red Circle*, serial de la Pathé también, proyectado en el Victoria Theatre hongkonita. Sin embargo, *The Perils of Pauline* no sería proyectado en Shanghái en un cine de Antonio Ramos, sino en su principal rival en la ciudad, el Apollo de Saville Hertzberg, con quien no sería infrecuente la colaboración del español.

· · · · · · · · · · · · · ·

66 Y profusamente versionada posteriormente en el cine sonoro y en televisión. La película homónima realizada en 1947 por George Marshall es en realidad un *biopic* de la actriz Pearl White protagonizado por Betty Hutton. La serie de *The Perils of Pauline* puede verse gratuitamente en la plataforma Youtube en su versión en inglés.

Las proyecciones del serial en Shanghái comenzaron tres semanas antes que en Hong Kong y concluyeron también unos días antes que allí. En Macao se prolongarían hasta agosto.

Como hicimos con el segundo Victoria, listaremos a continuación las películas programadas durante la exhibición de *Los Peligros de Paulina* y en el cuatrimestre subsiguiente, según hemos podido extraer de los semanarios locales.

Las cintas proyectadas son, como la colonia, mayoritariamente europeas, como europeo era el sentimiento de la población macaense. La publicidad de *Los Peligros de Paulina* hacía hincapié en el éxito alcanzado por la producción «en cuantos cinematógrafos de Europa se ha exhibido»,[67] y los halagos a la plaza portuguesa en Oriente también abundaban, quizás por la calidad de extranjeros de los propietarios del teatro, que queda demostrada por la presencia, de la que haremos cuenta aparte más abajo, de títulos españoles entre los favoritos del Vitória.

Julio

Junto a *Os perigos de Paulina*, en 20 episodios, se ofrecen también películas europeas y espectáculos de índole no cinematográfica entre semana, cuya naturaleza no especifica la publicidad.

La francesa *Cada qual, o seu destino*, con la «simpática y conocida artista» Susana Grandais, la Mary Pickford francesa (*Chacun sa destinée* de Raoul d'Auchy, 1913) se anunciaba en ocho partes y 5000 pies de extensión. Es una de las dos películas de Grandais vistas ese mes, junto a la francoitaliana *O irreparavel, L'irreparabile* (*Lo irreparable*, Societe Commerciale du Film, 1913).

Otra película italiana en julio será *Diamante de Buda*, de la Aquila Film Torino. También se proyectó una película alemana con la «simpática y conocida» artista Henny Ponten, *Sua depois da Morte* (*Der Feind im Land*, Curt A. Stark, 1913). No hemos logrado identificar los otros dos títulos anunciados, la película *Claudia*, en cuatro partes y con 6000 pies de longitud y *Especialista para doenças de coraçon*, que permaneció en cartel un tiempo añadido gracias a su extraordinaria recepción.

· · · · · · · · · · · · · · ·

67 *O Progresso*, 25 de julio de 1915, portada.

Agosto

El semanario *O Oriente Português* comienza su publicación el 23 de julio de 1915. En ese mismo número avanzan que publicarán anuncios del Teatro Victoria, «que promete películas de calidad», como uno de sus proyectos editoriales. Es el único cine que se anuncia en este medio, que nos servirá de complemento a la información obtenida de *O Progresso*. Ya vimos más arriba que De Senna Fernandes recogía el dato de que las sesiones vespertinas eran básicamente frecuentadas por un público chino. Leemos en *O Oriente Português*,[68] sabiendo que pudiera tratarse de una errata, no infrecuentes en estos anuncios, que el 20 de agosto y días sucesivos cuando menos las butacas de primera clase en la primera sesión del cine serían exclusivamente para «las chinas» (la única errata posible es que la exclusividad se extendiera a todos los chinos). Para la segunda sesión, la nocturna, las puertas se abrían a las 9 en punto de la noche, de lo cual se da aviso en la prensa para evitar inconvenientes a los espectadores, por lo que hemos de suponer que se habían producido aglomeraciones previas a estos anuncios que hablan de buenas taquillas.[69]

Además de la consabida *Os Perigos de Paulina*, encontramos en agosto varias películas estadounidenses. *Com risco da sua vida* es una producción de 1914 de la Selig Polyscope Company. Además de comedias indeterminadas de la Keystone, se inician otros dos grandes seriales estadounidenses, *Sherlock Holmes*, «una gran y sensacional cinta de enredo policial, en series de gran extensión, en la que trabaja el famoso y mejor policía del mundo, Sherlock Holmes»[70] (Lloyd Lonergan, 1913, Thanhouser Film Co.), que la R. Ramos & Ca. había adquirido «sin ahorrar sacrificios de ninguna especie», «procurando proporcionar a su público de Macao la mayor variedad posible de todo tipo de espectáculos»;[71] y *O amor da Lucila*, traducción inapropiada de *Lucille Love, the Girl of Mystery*, un serial de la Universal en 15 episodios estrenado en 1914, protagonizado por Grace Cunard y Francis Ford y dirigido por este último.[72] Tanto *Sherlock Holmes* como *Lucille Love* fueron proyectadas también

• • • • • • • • • • • • • •

68 *O Oriente Português*, 20 de agosto de 1915, pág. 6.

69 Vid. *O Oriente Português*, 13 de agosto de 1915, pág. 4.

70 *O Oriente Português*, 6 de agosto de 1915, pág. 6.

71 Ibid. ant.

72 Vid. IMDB. Francis Ford era, claro, el hermano mayor de John Ford. Según IMDB, John Ford actuaba también en el serial.

en Hong Kong. La «bonita y grandiosa película de más de 25.000 pies»[73] de Lloyd Lonergan abrió en Hong Kong el 15 de abril de 1915, mientras que el serial de Ford no se verá en el Victoria de Hong Kong hasta mediados de septiembre tras haberse anunciado ya el 31 de agosto su inminente estreno en *The Hong Kong Telegraph*.[74] El 17 de septiembre abría simultáneamente en el Bijou Theatre y el Victoria Theatre de la colonia británica. Con anterioridad, *Lucille Love* se había estrenado el 30 de abril de 1915 en el cine Olympic de Shanghái, donde ocupó con frecuencia la pantalla hasta casi terminado junio. El éxito hubo de ser sobresaliente, pues desde la última semana de mayo el serial se proyectó, durante un mes, de manera simultánea en los dos grandes cines de Ramos, el Victoria y el Olympic. Todavía en diciembre de 1917 se programa en el Isis de Enrico Lauro.[75]

La abundancia de seriales estadounidenses no es óbice para que el cine europeo mantenga el protagonismo este mes en la pantalla del Teatro Vitória. A la británica, del mismo 1915, *Nas garras do Sultão* (*In the Grip of the Sultan*, Léon Bary), proyectada a principios de mes, se suman las alemanas *Eva*, con Henny Porten, (Curt A. Stark, 1913) y la comedia *Mujer deportiva*, ambas de la casa Messter Film,[76] y la «grandiosa y bonita»[77] *Mirza* (Viggo Larsen, 1913), cabeza de cartel del 12 al 15 de noviembre de este año en el Olympic de Shanghái; las italianas *Amor ferido* y *Cabelos brancos e coração de jovem* (*Capelli bianchi... cuori giovani*, de 1913, la segunda de ellas) de la casa Cines y *Os pobres do Sagrado Coração* —película de la Aquila Film de Turín, titulada en Italia *Gli accattone del Sacro Cuore* y dirigida por Achille Consalvi en 1913— y, como dato sorprendente y de especial interés para lo que nos ocupa, las españolas *La chavala* (Alberto Marro, 1914), que se vio días después en el Bijou de Hong Kong, y *Diego Corrientes* (Alberto Marro, 1914).

Para un recuento más exhaustivo habría que añadir la recientísima película detectivesca estadounidense producida por la Kalem Company y dirigida por James W. Horne *The Secret Well* (1915), anunciada como *O segredo do poço*, con una muy respetable longitud —según la publi-

· · · · · · · · · · · · · · ·

73 En *O Progresso*. 8 de agosto de 1915, portada.

74 En su novena página.

75 Vid. *The North China Daily News*, 12 de diciembre de 1917.

76 Esta casa alemana tuvo su auge durante la Primera Guerra Mundial y acabó integrándose en la UFA.

77 *O Oriente Português*, 27 de agosto de 1915, pág. 6.

cidad— de 6000 pies, proyectada los últimos días del mes según *O Progresso*, y otros títulos singularmente sugerentes que no hemos logrado identificar como *As meninas novas são difíceis de contentar* y *Quando as feridas se cicatrizam*.

Septiembre

Este mes comienza el Vitória a ofrecer matinés los sábados a las 4 de la tarde, además de la doble sesión habitual, y lo hace con un programa dedicado especialmente a los niños, la doble sesión de *A amazona mascarada* y *O culpado*.[78] De igual manera, existen sesiones con cierto número de butacas reservadas para los más pequeños.[79] Las matinés pasan más adelante a las tardes de los domingos. Los precios de entrada al cine son: 50 avos la galería, 40 avos el asiento de primera clase y 30 el de segunda.[80]

En septiembre, el predominio es indiscutiblemente italiano. Continúan los seriales *Sherlock Holmes* y *Lucille Love* (*O amor de Lucilia* o *Lucilia Love*, según el anuncio), a los que el cine americano añade *O robo de un milhão* (*The Million Dollar Robbery*, Herbert Blaché, 1914, de la Solax Film Company), que Antonio Ramos programará en el Victoria de Shanghái el 14, 15 y 16 de diciembre de 1915.

A amazona mascarada, título especialmente pensado para el disfrute de los niños, con Francisca Bertini, la «conhecida e simpatica artista»,[81] se titulaba en verdad *L'amazzone mascherata* (Baldassarre Negroni, 1914, Celio Film). El Victoria de Shanghái tiene en cartel *The Masked Amazon*, anunciada como una producción de 1915, como programa especial de Nochebuena y simultáneamente proyecta el Olympic *An Accused Woman*, programa combinado que recuerda al del Vitória macaense tres meses antes, con *O culpado* compartiendo sesiones con *A amazona mascarada*. Las notas en la prensa de Shanghái describen *An Accused Woman* como «A high-class drama in four parts». Nos decantamos más bien por identificar *O culpado* con *The Culprit*, un drama de sociedad en

• • • • • • • • • • • • • •

78 *O Oriente Português*, 17 de septiembre de 1915, pág. 4.

79 Véase por ejemplo *O Oriente Português* de 13 de agosto (pág. 4), donde se avanza que ese día la reserva para niños en primera clase será de 50 y sólo 50 butacas, con el añadido de que no se permitirá ningún niño más en los asientos de esa clase.

80 Como es sabido, 1 avo es un céntimo de pataca. Vid. *O Oriente Português*, 24 de septiembre de 1915.

81 *O Oriente Português*, 17 de septiembre de 1915, pág. 4.

tres partes adaptado de *Le voleur*, de M. Henri Bernstein, según reza la publicidad, que se exhibiría el 18 de enero de 1916 en el Apollo Theatre de Shanghái —*Le voleur*, de Adrien Caillard, producida por Pathé Frères y estrenada en Francia ese mismo 1915— en otro ejemplo muy probable de una distribución de películas de Antonio Ramos a las pantallas de su principal rival en Shanghái.[82]

La nutrida representación italiana en el Vitória en septiembre de 2015 se completa con *Pela causa do Trono*, de 6000 pies en cuatro partes,[83] seguramente *Un trono en juego*, de la casa Aquila (1913) o *Alla conquista di un Trono* (Ubaldo Maria del Colle, 1914); *Á história romântica de um toureiro*, de 5000 pies, en tres partes[84] (*Il romanzo di un torero*, de Carmine Gallone para la Cines, con Soava Gallone, 1914); y *Um divorcio* (*Un divorzio*, de la casa Celio Film, 1914), que se proyecta del 22 al 25 de octubre en el Victoria de Shanghái.

El 24 de septiembre el Vitória pasa *A rivalidade de inventores*, que no hemos conseguido identificar, pero ha de ser la misma película que el Victoria de Hong Kong proyectará un mes después, el 26 de octubre, bajo el nombre inglés de *The Inventor's Rivalry*.

Octubre

Octubre da la supremacía en la pantalla del Vitória al cine estadounidense, menos afectado por la terrible contienda mundial. A la consabida serie de *Lucilia Love* se añaden varios cortometrajes cómicos de la Keystone (*Vinte minutos de amor*, *Twenty Minutes of Love*, de Charles Chaplin,[85] 1914, *Um entrançamento de tango*, *The Tango Tangle*, también con Chaplin, dirigida por Mack Sennett en 1914),[86] y *Uma beleza*[87]

• • • • • • • • • • • • • • •

82 Otra posible identificación para *O culpado* sería *L'innocente*, también conocida como *Who Was Guilty*, de 1913, hispanoitaliana, de la Cines italiana y la Film de Arte Español española, que era en realidad una sucursal en Barcelona de la compañía italiana —Vid. *Primeros tiempos del cinematógrafo en España*, coordinado por Juan Carlos de la Madrid, 2007: 237— aunque hay una notable diferencia entre los 7500 pies que *O Oriente Português* da en sus anuncios a *O culpado* y los 732 metros que atribuye a la hispanoitaliana CITWF. El sábado 19 de febrero de 1916 vemos en la portada de *The China Mail* de Hong Kong la nueva de la proyección del «Magnífico Drama de Caza en ocho rollos» *The Culprit* en el Victoria Theatre de los Ramos.

83 *O Oriente Português*, 3 de septiembre de 1915, pág. 4.

84 Íd. ant.

85 Su primera película como director.

86 Proyectada en el Victoria de Hong Kong en noviembre de 1915.

87 El anuncio en *O Oriente Português* decía *Belesa* el 29 de octubre (pág. 2).

do ranho (*Una belleza de mocos*); *A divida* (*The Debt*, 1914, de la Lubin Manufacturing Company); *Nunca é tarde para la raparação* (*It Is Never Too Late to Mend*, Charles M. Seay para la Edison, 1913); y *The King Can Do No Wrong* (Lois Weber[88], EE. UU., 1913) de la Rex Motion Picture Company, distribuida por la Universal.

La Cines italiana estrenó dos películas este mes, *Um lance desportivo* (*Un lance deportivo*, 1913) y *Procurar o cão policia* (*Buscar un perro policía*).

No hemos podido localizar con total certidumbre *O tecido* (*El tejido*), estrenada el 15 de octubre, y *A pantera negra* (*La pantera negra*), estrenada dos semanas después.

Por último, el 1 de octubre se proyectaba junto a *Aventuras de Lucilia Love* la película española *Ana Kadova* (Fructuoso Gelabert y Otto Mulhauser, 1914), que podrá verse entre el 19 y el 22 de noviembre de 1915 en el cine Olympic de Shanghái.

El 30 de enero de 1916 *O Progresso* publicaba en su cuarta plana un anuncio que se repetirá todo el mes de febrero en este semanario en el que el Cinematógrafo Victoria se presenta a su público de Macao dando cuenta de su equipo directivo y de su vínculo exclusivo con la «afamada casa Pathé Frères». Informa también de que cambiaba de programa los martes, jueves y sábados, los martes y sábados, con películas de la Pathé y los jueves, con «selectas cintas de las casas americanas, italianas y francesas».

Es el único cine que se anuncia en *O Progresso* hasta que en mayo de 1916 desaparece de sus páginas también el Victoria.

Hasta entonces, vemos que se revierte la pauta del cuatrimestre analizado de 1915, con una clara disminución de las películas europeas exhibidas y abundancia de seriales estadounidenses y comedias de la Keystone, habitualmente de Chaplin, con el aderezo ocasional de documentales de guerra. Se añade también el espectáculo de la Tom Melbourne Company en marzo, tras su éxito en Hong Kong, proveniente a su vez de Shanghái. Según *O Progresso*,[89] la compañía habría actuado en Macao únicamente dos días, el 27 y 28 de marzo (lunes y martes), entre funciones en Hong Kong, donde *The China Mail* nos informa que estrenaron el 19

· · · · · · · · · · · · · · ·

88 Según IMDB, la primera directora estadounidense de empaque, la primera mujer en dirigir un largometraje de ficción y la persona mejor pagada del mundo por la dirección de películas de cine durante parte de su contrato con la Universal Film.

89 *O Progresso*, 26 de marzo de 1916, pág. 4.

de febrero, y de donde se despidieron el día 5 de abril. Como vemos, el tamaño de la colonia portuguesa y el carácter esencialmente anglófono de estos circuitos en Asia seguía haciéndola todo lo más lugar de paso para las grandes giras de vodevil y espectáculos teatrales en general.

El serial estrella en esta primera mitad de 1916 en Macao será *A chave-mestra, The Master Key*, de la Universal, dirigido, escrito y protagonizado por Robert Z. Leonard en 1914. Sus 15 episodios habían pasado semanas antes por las pantallas de Ramos en Shanghái, cuando menos tanto por el Victoria como por el Olympic, incluso con simultaneidad en el mes de marzo.

Por su parte, los cómicos más expuestos en la pantalla del Victoria serían Charles Chaplin y, en menor medida, el francés Charles Petitdemange, conocido con el nombre artístico de M. Prince (Charles Prince en otras ocasiones), por su personaje de Whiffles en el mundo anglosajón, Rigadin en el original francés,[90] que trabajaba para la Pathé. Es interesante mencionar que su película *Wifflees no tempo da guerra* (*Wiffles in Love and War* en Hong Kong) fue proyectada en el Victoria Theatre de Hong Kong casi seis meses antes de su pase en el Vitória macaense,[91] en una época de cierta escasez de títulos, con lo que es de imaginar el estado en el que algunas de estas cintas serían proyectadas en el único cinematógrafo de la ciudad portuguesa.

Mientras duró la Guerra Mundial fueron frecuentes los espectáculos en Macao a beneficio de la Cruz Roja o distintas organizaciones en ayuda de los damnificados en la contienda en el bando portugués.

El 4 de agosto de 1917 «un hombre en contacto directo con el mercado de cine extranjero que acaba de regresar de China» firmaba en *Motion Picture News* el artículo «China, Awakening, Calls to American Picture Enterprise»[92] que describía, con el suficiente descuido como para comenzar afirmando que «Macao es la concesión portuguesa en China», que «tiene dos o tres cines», la situación de lo cinematográfico

•••••••••••••••

90   Moritz en Alemania y Tartufini en Italia, según afirma IMDB. En realidad, al menos en la prensa anglosajona de Asia, suele escribirse el personaje sin la hache intercalada, «Wiffles». Petitdemange (1872-1933) está en cartel esos años tanto en Hong Kong como en Shanghái con frecuencia. En Singapur lo podemos ver prácticamente durante toda la década, hasta el punto de comprobar que en junio de 1919 proyectaban películas suyas en varios cines de la colonia simultáneamente. El 4 de diciembre de 1913 la portada del neozelandés *Otago Daily Times* hablaba de él como «el más grande de los cómicos parisienses» (en una época en la que Andre Deed o Max Linder habían alcanzado también fama mundial), pese a que hoy en día sean un actor y un personaje muy olvidados incluso entre los expertos en cine.

91   Vid. *O Progresso* de 2 de abril de 1916 (pág. 6) y *The China Mail* de 23 de octubre de 1915 (pág. 3).

92   *Motion Picture News*, 4 de agosto de 1917, pág. 843.

en Macao. Tras recordar que el más importante de los cines del enclave (sin duda el Victoria) estaba proyectando *Diamond from the Sky* y *Million Dollar Mystery* (dos seriales estadounidenses, de 1915 y 1914, respectivamente), en una afirmación implícita de su baja categoría, indica que «algunos subtítulos estaban en francés, algunos en español y el resto en americano. Es un misterio cómo podían seguir la película, pero de alguna manera, no parecía importarles». Continúa arguyendo que posiblemente las películas estadounidenses pudieran encontrar un buen mercado allí, teniendo en cuenta el gran número de chinos residentes en Macao, «dado el poco aprecio que los chinos tienen por las películas y la raza japonesa», habida cuenta de que «Macao ha sido comprada ahora por los japoneses y las condiciones son por ello diferentes». Fuera del desapego por el análisis crítico que demuestra el texto, nos transmite una situación todavía precaria del mercado cinematográfico que se corresponde con la cita incluida más arriba de De Senna Fernandes acerca de la difícil viabilidad de casi todas las pantallas en la colonia, que obligaba a continuos cambios de empresa. La situación de excepción durante la Guerra no debió de ayudar en estas dinámicas. Quepa señalar que, sintomáticamente, la primera empresa dedicada a la producción cinematográfica en Macao no surgió hasta 1924, cuando la portuguesa Lucrécia Maria Borges fundara la Empresa Cinematográfica Macaense (Chan, 2000: 51). Más sintomáticamente todavía, si el 7 de mayo de 1924 el Gobernador de Macao concedía a esta empresa en exclusividad la producción cinematográfica por un plazo de diez años, el 6 de septiembre del mismo año, cuatro meses más tarde, fue anulada la licencia por falta de pago de las tasas correspondientes.

Las películas españolas en el Cinematógrafo Victoria entre julio y octubre de 1915

Hemos encontrado un número muy significativo de películas españolas proyectadas en el cine de R. Ramos & Companhia en tan sólo cuatro meses analizados, teniendo en cuenta sobre todo el atraso que nuestra cinematografía acarreaba en 1915 con respecto a la de otras naciones europeas.

Ahondaremos a continuación someramente en estos títulos, los primeros españoles de los que podemos afirmar con rotundidad que fueron proyectados en China. Lógicamente, a través de las empresas de los Ramos.

La chavala (Alberto Marro, 1914) se proyectó en Macao el 15 de agosto de 1915 compartiendo cartel con el serial americano *Sherlock Holmes*. El anuncio en *O Progresso*[93] versaba: «Tambem hoje se exibirá uma linda fita de 5.000 pés de comprimento dividida em 3 partes da afamada casa hespanhola "Hispano film", intitulada La Chavala» (en un nuevo ejemplo de pésima ortografía portuguesa).

La chavala fue una adaptación de Alberto Marro (1878-1956) de la zarzuela homónima de José López Silva y Carlos Fernández Shaw. Tras su paso por Macao fue proyectada en el Bijou Theatre de Hong Kong el 1, 2 y 3 de septiembre, sin que hayamos podido concluir si fue también exhibida en Shanghái en los meses anteriores o posteriores. En Barcelona, *La Vanguardia* le da 800 metros de película en su pase en los cines Diana, Royal y Argentina el 29 de enero de 1917 en su página séptima.

Diego Corrientes, corazón de bandido es una película escrita y dirigida por Alberto Marro, producida en 1914 por su productora, la Hispano Film, y protagonizada por Jaime Borrás y Luisa Oliván.[94] *O Progresso* de 29 de agosto de 1915 anuncia su próximo estreno en su portada con la mera apostilla al título «o bandido mais celebre da Europa». *La Vanguardia* atribuye a la película 1000 metros de longitud y un éxito sorprendente en su pase en el cine Kursaal, como vemos en un anuncio de 26 de marzo de 1915 (página 7).

Ana Kadova (Fructuoso Gelabert y Otto Mulhauser, España, 1914) es (fue) un largometraje de Alhambra Films, empresa barcelonesa que tenía sede en el número 41 de la Rambla de Cataluña, de 92 minutos de duración.[95] *O Oriente Português* anunciaba su proyección en el cine Vitória junto al exitoso serial *Lucille Love* el primero de octubre de 1915 en su página tercera haciendo hincapié en su gran extensión, que cuantifica en 6000 pies.[96] Es también la primera película española de la que tenemos certeza de su estreno en la China continental, en concreto, en el Olympic de Shanghái un par de meses después. La película está perdida pero se conservan algunas fotografías de ella y bastante información sobre su

• • • • • • • • • • • • • •

93 El 15 de agosto de 1915 en la portada.

94 Claver Esteban (2012: 122) escribe Lluïsa Olivan, enigmáticamente.

95 Según IMDB, que la fecha en 1913.

96 En cuatro partes. La utilización del adjetivo «extensa» por primera vez en la serie de notas que en ese 1915 anunciaban en la prensa de Macao estrenos de la misma longitud, cuando no superior, que se atribuye a *Ana Kadova*, viene a confirmar el auténtico largo metraje de la película frente a meras estrategias publicitarias previas que estiraban mediometrajes en pos de la atracción que la cantidad de pies de celuloide parece haber insuflado en la mirada de los espectadores de aquellas primeras décadas del cine.

rodaje y argumento. Alegre y Crusells (1994: 182) la hacen una coproducción hispanoestadounidense al asociar a Alhambra Films a la Cox & Co. de Nueva York, que además habría obligado por contrato a que se hicieran dos negativos completos, uno para el mercado norteamericano y otro para el alemán, amén del español.[97] De esta manera, al éxito en España se añadiría su venta a Alemania, Estados Unidos y Rusia. Gómez Acebes y Ganzenmuller (2013: 9, 11), que llegan a calificar *Ana Kadova* como:

> Uno de los films de mayor éxito y repercusión de la época (…) un éxito tan espectacular de taquilla que fue importada a países como Alemania y Rusia, y por supuesto a Estados Unidos, como una gran superproducción que era, compitiendo 'de igual a igual' con los grandes estrenos norteamericanos que inundaban el mercado del cine.

Fechan su «posible» y «discreto» estreno en Nueva York el 31 de marzo de 1913. No hemos hallado rastro de ello, quizás por la discreción, en la prensa neoyorquina de la época. En todo caso, un estreno tan temprano, más de un año antes de que la película llegara a las pantallas españolas, se antoja improbable. El primer rastro de ella que encontramos en la prensa española es una nota en *Heraldo de Madrid* de 3 de octubre de 1914 (pág. 5) que anuncia su estreno el domingo 4 y la significa por ser «de intenso y sensacional argumento». El mismo día, forma parte en *La Época*[98] del cartel del Gran Teatro (Palacio del cinematógrafo), con función a las nueve y media de la noche junto a *El fin de la mano negra* y *El perro de Baskerville*. El domingo 4 de octubre *Heraldo de Madrid* adivinaba el «éxito inmenso» de la cinta en sus anuncios, que destacaban la españolidad de un título algo extranjero en apariencia y lo destinaban a dos cines, el Gran Teatro y el Cinema X.

El lunes 5 de octubre de 1914 en la primera edición de *ABC* se comenta, en «Notas Teatrales» (pág. 20), que en el Gran Teatro, además de la muy exitosa película con aventuras de Sherlock Holmes *El perro de Baskerville*, se había proyectado *Ana Kadova*, que tachan de «magnífica» y que, dicen, «ha sido muy aplaudida». «Primera película de la marca española Alhambra-films[99], que por su interesante y dramático asunto, ad-

....

97 Alegre y Crusells (1994: 181).

98 En la página 6.

99 Según Alegre y Crusells (1994: 182), se trataba en realidad de la segunda producción de la casa barcelonesa tras *La lucha por la herencia* (1913), también coproducida con la Cox & Co. y codirigida por el

mirable fotografía y espléndida presentación, nada tiene que envidiar a las marcas extranjeras». El resto del programa lo componen películas cómicas, en un reflejo, o viceversa, de las carteleras de Ramos en Macao un año después. Este mismo texto fue publicado en más periódicos del día, de manera que parece haber sido contratado por la productora o el cine.

El asunto, efectivamente, tenía un especial interés en la actualidad mundial que podría haber colaborado sobremodo a su difusión internacional y al éxito en cualquier mercado. Alegre y Crusells (1994: 182) lo resumen así: «La trama se sitúa en un país imaginario, Balcania, donde el conde Cadova es desposeído del poder y condenado a muerte. A partir de entonces su hija, Ana Cadova, jura vengar su muerte. A lo largo del film la protagonista será perseguida por unos espías y se enamorará de un doctor». Como vemos, en pleno inicio de la Primera Guerra Mundial, y con las irrenunciables reminiscencias de la Balcania donde nace Ana Kadova, o Cadova, según las fuentes, el argumento de la película era a priori sugestivo para un público internacional. Alegre y Crusells (1994: 184) aportan la siguiente ficha artística y técnica:

Argumento y guión: Julio López de Castilla
Fotografía: Fructuoso Gelabert
Decorados: Ros y Güell
Vestuario: Casa Paquita
Peluquería: Borrell
Mobiliario: Casa Rex
Duración: 2.200 metros
Distribuidora: Cox & Co
Intérpretes: Pilar Adriano (Ana Cadova), Gerardo Peña (Dr. Wilson), Modest Santolaria (agente secreto), Joan Rovira (mayordomo), Joaquim Carrasco, Alicia Gerart, Josep Durany i Estrems

ABC le asigna una longitud de 1500 metros en el anuncio de sus funciones en el Gran Teatro el 7 de octubre de 1914 (pág. 22). Los anuncios de *La Vanguardia* de sus proyecciones en Barcelona ese mismo mes le dan indefectiblemente entre 1000 y 1100 metros de longitud. Según

••••••••••••••

alemán Otto Mulhauser. Gómez Acebes y Ganzenmuller (2013: 11) refrendan este extremo. La referencia a esta primera película se repite en otras fuentes, con variaciones como la de CITWF, que titula también *Ana Kadova* esa primera cinta, que fecha en 1912, lo cual nos hace elucubrar si no se trataría de una versión anterior de la misma historia o incluso de uno de los negativos destinados al extranjero de los que ya hablamos con anterioridad.

vemos en *La Vanguardia* de 9 de octubre (pág. 5) el «importantísimo estreno» *Ana Kadova* era la primera película de la serie *Arte Español* de la Alhambra films. El 10 de octubre (pág. 7) la califica como «maravillosa película de arte español», el 11 de octubre de 1914 (pág. 11), «notabilísima película de arte español», en el espacio dedicado al Salón Cataluña, sito en la Plaza de Cataluña, 3, que la mantendrá en cartel hasta el día 14 de octubre. Ese mismo día (pág. 7) *La Vanguardia* la denomina «preciosa película». El 13 de octubre (pág. 5) se afirma que la exhibición de la película había sido un éxito. El 12 de octubre (pág. 9), la nota es más extensa: «El éxito sorprendente, colosal, grandioso: ANA KADOVA (1000 m.) película de *Arte español*, primera de la marca Alhambra films, dirigida por el conocido actor señor Santoolaria, asunto dramático y bien definido, es de las películas que no se olvidan».[100]

Se referirá el rotativo catalán, suponemos, a Modest Santolaria, uno de los actores del reparto reseñado por Alegre y Crusells, también llamado Modesto Santaulària, Modesto Santolaria o Modesto Santaularia en otras fuentes. Es la única mención a su supuesta labor de dirección de la película que hemos hallado. Complete Index To World Film (CITWF) lo llama Modesto Santalalla en la lista del reparto de una *Ana Kadova* dirigida en 1912 por Otto Mulhauser también para Alhambra Films y Modesto Santolaria en la versión de 1914, que atribuye a Fructuoso Gelabert y Mulhauser, que duraría 95 minutos y tendría como títulos alternativos *Ana Cadova*, *Ana Kadowa* y *Salvemos la Patria*.

El propio Fructuoso Gelabert daba por suya la película en su autobiografía, y de hecho consideraba que «seguramente fue el film mío que más ruidoso éxito llegó a conseguir» (Gómez Acebes y Ganzenmuller, 2013: 12). Ciertamente sus ambientaciones (un transatlántico, un castillo en la costa…) y su argumento convertían este «drama cortesano y de espionaje»[101] en una pieza apta para la difusión internacional que tuvo. Sin embargo, por lo que nos ocupa, hay que decir que su estreno en Shanghái fue discreto y no consta que reprodujera allí el gran éxito que habría tenido en España, aunque ciertamente vio la luz (y las sombras) en el mayor y mejor teatro cinematográfico de la «París de Oriente».

• • • • • • • • • • • • • •

100 Gómez Acebes y Ganzenmuller (2013: 10) describen el recorrido de la película en las pantallas de Barcelona con mayor pormenor. Localizan un preestreno en julio de 1914 en el Teatro Eldorado de la Plaza de Cataluña y añaden las siguientes salas donde pudo verse en octubre: Iris Park, Walkyria, Ideal, Diorama, Sala Merced, Salón Frégoli y Principal (sin mención, extrañamente, al Salón Cataluña, lo que da pie a suponer que pueda haber más fallas en la lista).

101 Alegre y Crusells (1994:182).

6. CODA FINAL

La modernización de China vino de la mano del cine, y el cine, de la mano de Antonio y Ramón Ramos. En Hong Kong, ya a finales de 1907 un espectador y lector de *The Hong Kong Telegraph* argüía en el periódico sobre la oportunidad de ciertas películas, que eran ya «una de las siempre escasas atracciones en la Colonia».[1] Los Ramos convertirían el cine en el principal espectáculo de masas de Hong Kong y su puerta primordial a un Occidente que en la colonia no llegaba mucho más allá de los acorazados del puerto y las casas de gobierno y llevarían recurrentemente a este rincón del mundo representativos espectáculos de variedades desde las principales metrópolis occidentales. Algo similar se puede decir de la plaza portuguesa de Macao. Mediante los noticieros se hacían eco las noticias de todos los puntos del globo y películas como *An Aerial Trip*, que recogía las hazañas aéreas, «The Modern Aerial Navigation», del francés Henry Farman en el Teatro Victoria de Hong Kong, tenían que reponerse ante el inusitado entusiasmo del público por este doble ejemplo de modernidad.[2] Si bien en Hong Kong «la industria del cine no supo valerse por sí misma durante la era silente, a la zaga de Shanghái, el primer Hollywood asiático»,[3] los espectáculos cinematográficos y la distribución de películas florecieron en la colonia, permeando a la cercana Macao, a través de la conexión que el emporio de los Ramos tenía precisamente con ese Hollywood chino. La prensa de las dos colonias europeas se ocupaba con frecuencia del mundo del espectáculo en Shanghái, no solo contemplándolo como un horizonte, sino a sabiendas de la estrecha conexión que en este campo existía entre ambos puertos.

La incursión de Ramos y Ramos en Hong Kong guarda muchas similitudes con su empresa centrada en Shanghái. Macao y Hong Kong, a cargo de Ramón, reproducen un modelo similar que también se desarrollaría simultáneamente en el territorio de Antonio. El primitivo cinematógrafo, poco más que un nickelodeón permanente, se transforma en un edificio sólido que inaugura de alguna manera el concepto moderno

• • • • • • • • • • • • • •

1 «Un Residente», entre las cartas al director del número de *The Hong Kong Telegraph* de 7 de diciembre de 1907, pág. 10.

2 Vid. *The Hong Kong Telegraph*, 28 de enero de 1910, pág. 4. El anuncio hablaba de *The Modern Aerial Navigation* y *The Aeroplanes of Mr. Henry Farman*, mientras que una nota en la misma página la llamaba *An Aerial Trip*.

3 Odham Stokes y Hoover, 1999: 17.

del cine en la ciudad, y este queda pronto como pantalla subsidiaria de un gran teatro levantado a continuación, que pasará a dominar la escena de la ciudad durante bastantes años. En Shanghái, con mayores posibilidades en cuanto a público y más fiera competencia, este teatro sería a su vez superado por otro, el Olympic, homologable con cualquier cine inaugurado por entonces en las mejores plazas del mundo. A estas pantallas, que también funcionaban como escenarios y que se localizaban a su vez dentro de los circuitos de cine y vodevil de la empresa, se añadiría igual en Hong Kong que en Macao y Shanghái una pista de patinaje, lugar muy en boga por entonces de novedoso entretenimiento en todo el globo; y a la labor como exhibidores de cine y empresarios del vodevil unían la distribución de películas y maquinaria de cine.

Tal vez ese estatus de colonias europeas que tanto Macao como Hong Kong mantenían en contraste con el puerto abierto chino de Shanghái motivara la mayor abundancia de películas no estadounidenses en sus cines, atribuible también a la menor comunidad extranjera y el menor poder adquisitivo del colectivo mayoritario chino en las ciudades a cargo de Ramón Ramos. Apenas sobrevivirían estas pantallas a la Primera Guerra Mundial, que marcaría el imperio de Hollywood precisamente sobre las anteriormente predominantes cintas de Europa. De igual manera, Hong Kong privilegiaría el cine aliado durante la contienda, de manera que la cinematografía española, que se hizo un pequeño hueco tanto en Macao como en Shanghái de la mano de los Ramos, habría alcanzado con menor fuerza la colonia inglesa.

Junto a las primeras salas cinematográficas, Ramos & Ramos también realizaría y proyectaría algunos de los documentales pioneros en China, también en Hong Kong, y dominaría los circuitos de vodevil de la región.

Queda pendiente en este trabajo, que han permitido una aproximación al sector sur del emporio cinematográfico de los Ramos Brothers, conocer con mayor detalle la figura de Ramón Ramos, sus movimientos y su posición en la empresa. Parece ser que durante la Guerra se dirigió a Shanghái, pero allí hemos perdido su pista. Los bulos propalados por la prensa estadounidense con motivo de la batalla por los derechos de autor con la Ramos Amusement Company al comienzo de los años veinte, que situaban a Ramos en Inglaterra o en la legión extranjera francesa, no parecen ser pistas fiables. Ni siquiera conocemos su segundo apellido ni su destino más allá de la segunda mitad de los años diez, cuando Bernardo Goldenberg se transforma en el principal socio de Antonio en el negocio. No es sencillo augurar una salida a la encrucijada, de no ser a consecuencia del feliz descubrimiento de un archivo familiar o el expurgo de algún documento que por el momento haya permanecido ajeno a nuestro estudio.

En todo caso, a falta de mayores precisiones, es indiscutible el papel principal y absolutamente olvidado que cumplió Ramón Ramos, cuando menos como socio en cabeza de la compañía Ramos & Ramos, en los primeros pasos del cine en Hong Kong y Macao.

Tampoco está clara la posible participación directa de Antonio en los negocios en el sur. Está claro que utilizaron el nombre de la empresa indistintamente en uno y otro mercado, pero no hemos hallado ningún documento interno o correspondencia que nos ayude a estimar la participación de cada uno de los socios como empresarios más allá de su correspondiente destino. Todo lo que sabemos es que probablemente Antonio se dirigiera a Hong Kong el 25 de agosto de 1908, cuando tomó el vapor Feiching, que hacía la ruta a Amoy, Swatow y Hong Kong,[4] y que Ramón estuvo posteriormente al menos en un par de ocasiones en Shanghái. De nuevo, el acceso a correspondencia privada sería primordial para poder establecer mayores conclusiones sobre el funcionamiento interno de la Ramos Bros.

· · · · · · · · · · · · · ·

4 Según indican *The North China Herald* de 29 de agosto de 1908 en su página 554 y *The North-China Daily News* en la página quinta del número de 25 de agosto de 1908. Vemos en la página duodécima de ese mismo ejemplar que el vapor Feiching era un barco de bandera china, pequeño, de 980 toneladas, capitaneado por un tal Paramore.

BIBLIOGRAFÍA

ALEGRE, Sergio y Magí CRUSELLS (1994) Boreal Films: La productora de Fructuìs Gelabert destruida por la Primera Guerra Mundial, *Film-Historia*, Vol. IV, n.° 2, pp. 179-186

ALVES CARNEIRO, Joaquín (1957) *Cadastro das vias públicas e outros lugares da cidade de Macau*, Senado de Macao. Peng Kei Tipografía. Macao: Portugal

ANTUNES AMOR, Manuel (1923) Macau. A Cidade Mais Pitoresca do Nosso Domínio Ultramarino, *Ilustração Portugueza*, n.° 896, pp. 495-497, 21 de abril de 1923. Lisboa: Portugal

BICKERS, Robert (2011) *The Scramble for China: Foreign Devils in the Qing Empire, 1832-1914*. Penguin Books, Londres: Reino Unido

BLASCO IBÁÑEZ, Vicente (2007), *La vuelta al mundo de un novelista* (fecha de publicación original, 1924). Alianza Editorial, 1.ª Edición. Madrid: España

CÁRDENAS, Andrès (2011) El granadino que llevì el cine a China, *Ideal de Granada*, 1 de agosto de 2011. Granada. En línea, recuperado el 20 de agosto de 2013, http://www.ideal.es/granada/v/20110801/granada/granadino-llevo-cine-china-20110801.html

CHAN, Lailin (Coord.) (2000) *Retrospectiva de um século da industria de cinematográfia em Macau*, Museu de Macau, Macao: China

CLAVER ESTEBAN, José María (2012) *Luces y rejas. Estereotipos andaluces en el cine costumbrista español (1896-1939)*. Fundación Pública Andaluza Centro de Estudios Andaluces. Consejería de la Presidencia e Igualdad. Junta de Andalucía. España

CROW, Carl (1921) *The Traveller's Handbook to China*, Carl Crow. Shanghai: China

DARWENT, Rev. C. E. (1904) *Shanghai: A Handbook for Travellers and Residents to the chief objects of interest in and around the Foreign Settlements and Native City*. Kelly & Walsh, Shanghai; Hongkong, Singapur & Yokohama: China y Japón

DE OLIVEIRA MARQUES, Antonio Henrique R. (2000) *Historia dos portugueses no Extremo Oriente. Vol. 3: Macau e Timor: Do Antigo Regime à República*. Fundação Oriente. Portugal

DE SENNA FERNANDES, Henrique (1991) O cinema em Macau, o tempo do *mudo*, I, en *Revista de Cultura*, n.° 16, edición en portugués, octubre/diciembre de 1991, Instituto Cultural de Macao, pp. 31-61. Macao: China

DE SENNA FERNANDES, Henrique (1994) O cinema em Macau – II, 1930-1931 – A emoçào do sonoro, *Revista de Cultura*, N.° 18 (2.ª Serie), Edición en portugués, enero-marzo de 1994, Instituto Cultural de Macau, pp. 183-216. Macao: China

DE SENNA FERNANDES, Henrique (2010) *Cinema Em Macau*. Instituto Internacional. Macao: China

FU, Poshek y David DESSER (2000) *The cinema of Hong Kong. History, Arts, Identity*. Cambridge University Press. Reino Unido

GARCÍA RUIZ-CASTILLO, Carlos (2009) Los fondos de las representaciones diplomiticas y consulares de España en China conservados en el Archivo General de la Administración: su contexto, *Cuadernos de Historia Contemporánea*, vol. 31, pp. 223-241

GÓMEZ ACEBES, Alfredo y Josi GANZENMULLER (enero de 2013) Ana Kadova, cien años de la película, *Fonoll. Butllett de Cultura D'Amics de Vinaròs*, n.° 12, pp. 8-12. Vinarós, Castellón: España

GOW, W.S.P. (1924) *Gow's Guide to Shanghai*. The NCDN and Herald Ltd., Shanghai: China

GUEDES, Joào (2011) Operaçào Emily: A tentativa frustrada inglesa de vender Macau, en *Tempos d'oriente* (entrada de blog publicada el 14 de febrero de 2024 en Wordpress, recuperado por última vez el día 26 de junio de 2015 en la página web: https://temposdoriente.wordpress.com/2011/03/22/

operacao-emily-a-tentativa-frustradainglesa-de-vender-macau-22-marco-11/)

HAWKS POTT, Francis Lister (1928) *A short History of Shanghai*. China Intercontinental Press. China

KANSU, Aykut (1997) *The Revolution of 1908 in Turkey*, Brill. Colonia: Alemania

KAR, Law y Frank BREN (2004) *Hong Kong Cinema: A Cross-Cultural View*, Scarecrow. Lanham, Maryland: EE. UU.

LAI, Chiu-han Linda (2006) *Producing heterotopia: Traces of the cinema in the thick space of governmentality, localism and citizenship in 1934 Hong Kong*. Tesis doctoral. Departamento de Cinema Studies. New York University. Nueva York: EE. UU.

LI, Suyuan y Jubin HU (1997) *Chinese Silent Film History*, Editado por Rui Wang y Tabetha Miller. China Film Press. Beijing: China

NORTH, C. J. (1927) *The Chinese Motion Picture Market*. Trade Information Bulletin n.º 467. Bureau of Foreign and Domestic Commerce. EE. UU.

ODHAM STOKES, Lisa y Michael HOOVER (1999) *City on Fire*. Verso. Londres y Nueva York: Reino Unido y EE. UU.

PELLICENA CAMACHO, Joaquín (1904) *Los últimos repatriados: apuntes de un periodista*. Imprenta de *El Mercantil*. Manila: Filipinas

RAMOS ESPEJO, Antonio (1925-1927) *Private Copy Book*, archivo familiar de la familia Ramos Mampaso. Madrid: España Romero Salas (1921: 17)

ROMERO SALAS, José María (1921) *España en China: (crónica de un viaje)*. Manila: Filipinas

ROSENSTOCK, C. W. (1909) *Rosenstock's Directory of China and Manila, July 1 to December 31, 1909, Hong Kong, Manila, Shanghai, Tientsin, Chinkiang, Nanking, Peking, Chefoo and Canton* Volumen XV, 通

商行名簿. The Rosenstock Publishing Co. Ltd.; Manila: Filipinas

SMITH, Carl (s.f.) *Carl Smith Cards*, Carl T. Smith Collection, Hong Kong Public Records Office. Hong Kong: China

TORO ESCUDERO, Juan Ignacio (2012) *La participación española en los inicios del cine chino en Shanghái (1896-1937): Antonio Ramos Espejo (1878-1944)*. Tesis final (inédita) del Máster Universitario en Estudios sobre Cine Español. Universidad Rey Juan Carlos. Madrid: España

TORO ESCUDERO, Juan Ignacio (2012b) *España y los españoles en el Shanghai de entreguerras (1918-1939)*. Tesis final (inédita) de Máster en Estudios de Asia Oriental. Especialidad en Economía China y Relaciones Internacionales. Universitat Oberta de Catalunya. Barcelona: España

TORO ESCUDERO, Juan Ignacio (2016) *Del burdel al emporio cinematográfico: el papel fundamental, olvidado, principal y pionero del soldado español Antonio Ramos Espejo en el nacimiento del cine chino*, Tesis Doctoral presentada en el Departamento de Comunicación Audiovisual y Publicidad I de la Facultad de Periodismo de la Universidad Complutense de Madrid en octubre de 2016. Publicada en línea en el repositorio de la universidad en: http://docta.ucm.es

TORO ESCUDERO, Juan Ignacio (2019) *El caso Goldenberg*, Ediciones B. Barcelona: España

WELSH, Frank (1997) *A History of Hong Kong*. Harper Collins, Londres: Reino Unido

ZHEN, Zhang (1998) The Shanghai Factor· in Hong Kong Cinema: A Tale of Two Cities in Historical Perspectives; *Asian Cinema*, Asian Cinema Studies Society; Volumen 10, n.º 1, Sept. 1998, pp. 146-159 (14)

Sin autor

(s. a.) (1844-1940) *Hong Kong Government Blue Books*. Gobierno de Hong Kong. Hong Kong; China (s.a.) (1889) *Planta da Peninsula de Macau*, Sociedade de Geographia de Lisboa. Lisboa: Portugal

(s.a.) (1903) *Rosenstock's Manila City Directory*. The Bulletin Publishing Company. Manila: Filipinas

(s.a.) (1903-1941) *The North China Desk Hong List*. North China Daily News & Herald. Shanghái: China

(s.a.) (1908) *Plan of the Foreign Concessions of Tientsin*. E. Lee's Printing Office. China.

(s.a.) (1911) *Hong Kong Administrative Report for the Year 1910*. Hong Kong, Imperio Británico

(s.a.) (1912) *Map of Tientsin, 1912*, Chung-Tung Lithography: Tianjin: China

(s.a.) (1914) *Sands Directories: Sydney and New South Wales*, Australia, 1914, Sidney: Australia

(s.a.) (1916) *Rosenstock's Manila City Directory*. The Bulletin Publishing Company. Manila: Filipinas

(s.a.) (1917) *The Directory and Chronicle for China, Japan, Korea, Indo-China, Straits Settlements, Malay States, Siam, Netherlands India, Borneo, the Philippines, and etc. for the Year 1917*. The Hong Kong Daily Press, Ltd.; Hong Kong: China

(s.a.) (1920) *The Directory and Chronicle for China, Japan, Korea, Indo-China, Straits Settlements, Malay States, Siam, Netherlands India, Borneo, the Philippines, and etc. for the Year 1917*. The Hong Kong Daily Press, Ltd.; Hong Kong: China

(s.a.) (1922) *The Directory and Chronicle for China, Japan, Korea, Indo-China, Straits Settlements, Malay States, Siam, Netherlands India, Borneo, the Philippines, and etc. for the Year 1917*. The Hong Kong Daily Press, Ltd.; Hong Kong: China

(s.a.) (1936) *Macau, Oldest Foreign Colony in Far East, Founded in 1557*. Macau: Agência do Turismo, en http://memory.loc.gov/cgi-bin/map_item.pl

(s.a.) (1984) Macau, há trinta anos, há três, e hoje, *Nam Van*, página 38, 1 de agosto de 1984. Gabinete de Comunicación Social del Gobierno de Macao. Macao: Portugal

Revistas, periódicos y otras publicaciones periódicas

ABC (Madrid y Sevilla, España, 1903 - actualidad)

A Verdade (Macao, Portugal)

Arte y Cinematografía (Barcelona, España, 1910-1935)

Artístico Cinematográfico (Madrid)

Auckland Star (Auckland, Nueva Zelanda, 1870-1991)

Chinese Mail (Hong Kong, Imperio Británico, 1864-1941)

L'Echo de Chine (Shanghái, 1895 - ¿?)

La Vanguardia (Barcelona, 1881-actualidad)

Evening Post (Wellington, Nueva Zelanda, 1865-2002)

Heraldo de Madrid (Madrid, 1890-1939)

La Época (Madrid, 1849-1936)

Motion Picture News (EE. UU., 1913-1930)

Northern Star (Lismore, Australia, 1876-actualidad)

O Macaense (Macao, Portugal)

O Oriente Português (Macao, Portugal)

O Progresso (Macao, Portugal)

O Progresso (Shanghái, China)

Otago Daily Times (Dunedin, Nueva Zelanda, 1861-actualidad)

Schenectady Gazette (Schenectady, Nueva York, 1894 - actualidad)

Shenbao (Shanghái, China, 1872-1949)

The Billboard (EE. UU., 1894-actualidad)

The Border Morning Mail and Riverina Times (Albury, Australia, 1903-1920)

The China Mail (Hong Kong, 1845-1974)

The China Press (Shanghái, 1912-1930)

The Hong Kong Daily Press (Hong Kong, 1864 - 1941)

The Hong Kong Government Gazette (Hong Kong, 1853 - actualidad)

The Hong Kong Telegraph (Hong Kong, Imperio Británico, 1881-1951)

The Moving Picture World (EE. UU., 1907-1927)

The Municipal Gazette (Shanghái, China, 1908-1942)

The New York Herald (Nueva York, 1835-1924)

The New York Clipper (Nueva York, 1853-1924)

The New York Evening Post (Nueva York, 1801 - actualidad)

The New York Times (Nueva York, 1851 - actualidad)

The Newsletter: an Australian Paper for Australian People (Sydney, Australia, 1900-1919)

The North China Daily News (Shanghái, 1864-1951)

The North-China Herald (Shanghái, China, 1850-1941)

The Northern Advocate (Whangarei, Nueva Zelanda, 1875 - actualidad)

The Referee (Australia, 1886 - 1939)

The Shanghai Sunday Times (Shanghái, China, 1901 - 1944)

The South China Morning Post (1903 - actualidad)

The Sunday Times (Sydney, Australia, 1885-1930)

The Straits Times (Singapur, 1845 - actualidad)

The Sydney Morning Herald (Sydney, Australia, 1840 - actualidad)

The Theatre (Australia)

Variety (Nueva York, 1905-actualidad)

Páginas web

Australian Variety Theatre Archive: http://ozvta.com/industry-transoceanic-circuits/

Christie's: http://www.christies.com

Cinema Treasures: http://cinematreasures.org/

CITWF (Complete Index To World Film): http://www.citwf.com

Encyclopedia of Fantastic Film and Television, EOFFTV: http://www.eofftv.com/

Foundation Jérome Seydoux Pathé: filmographie.foundation-jeromeseydoux-pathe.com

Fulton History: fultonhistory.com

HAT (History of Australian Theatre): http://www.hat-archive.com/databasesearch.htm

Hong Kong Government Reports Online (1842-1941):

http://sunzi.lib.hku.hk/hkgro/result.jsp?total=25&first=1&no=50

Hong Kong Heritage: https://www.hongkongheritage.org

Hong Kong Memory, página del Gobierno de Hong Kong: http://www.hkmemory.hk

International Movie Data Base (IMDB): www.imdb.com

Macau Antigo: http://macauantigo.blogspot.com/

Nenotavaiconta: http://nenotavaiconta.wordpress.com

Archivos

Archivo Central de los Padres Agustinos Recoletos en Valladolid

Archivo de la Villa (Madrid)

Archivo familiar Ramos Mampaso

Archivo General de la Administración de Alcalá de Henares, Madrid

Archivo General Militar de Madrid

Archivo Histórico Nacional. Sección Nobleza. Fondo Torrelaguna. Toledo. Castilla la Mancha.

Archivo del Ministerio de Asuntos Exteriores de España, Madrid

Archivo Municipal de Shanghái

Archivo Público de Hong Kong